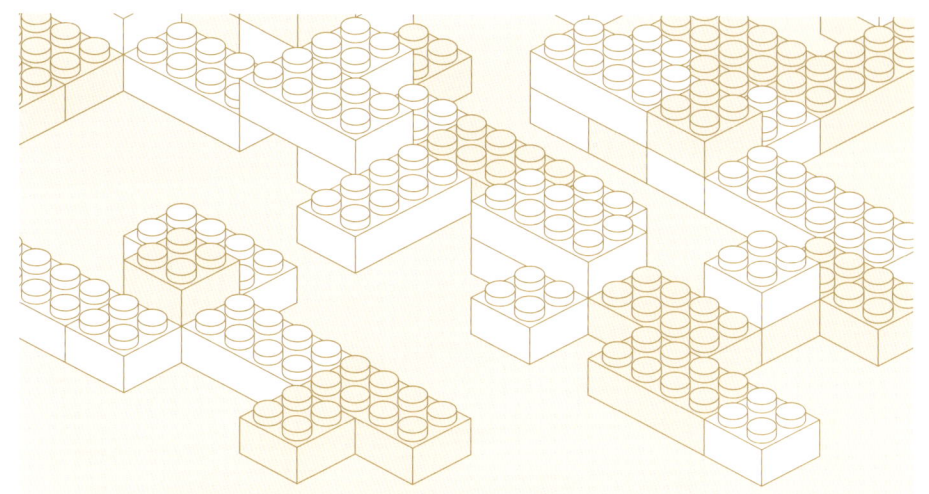

心理臨床における
ブロック表現技法入門

Introduction to the Block Technique
in Psychotherapy

加藤大樹 著 Daiki Kato

ナカニシヤ出版

はじめに

　臨床心理学とは，心の問題の理解やその援助を通して，人の心について考えていく学問です。筆者は，芸術療法において，クライエントがどのような体験をしているのか，また，その人らしさが表現にどのように反映されるのかということに関心があり，統計などを用いた基礎研究を中心に取り組んでいます。また，学生相談や学生支援の領域にも関わる中で，個別のカウンセリング場面だけでなく，グループによる芸術療法の技法の活用に関する実践的な研究も行ってきました。

　芸術療法には，様々な表現の媒体があります。絵画，音楽，コラージュなど，多くの手法がそれぞれの特徴を活かして，また，クライエントや現場のニーズ・特性に合わせて活用されています。その中でも，本書で扱う媒体は，「ブロック」です。ブロックということばから，どのようなイメージを連想されるでしょうか。きっと，人によって最初に頭に浮かぶものが違うかもしれません。ここでいうブロックとは，いわゆるブロック玩具です。カラフルなプラスチック製のブロックは，一見単純な形状に感じられますが，とても多様な表現の可能性を秘めています。臨床心理学の視点から，ブロック表現と心のうごきの関連や，表現に表れるその人らしさを考えていきたいと思います。

　自分自身が大学生のとき，もともとは，芸術療法の中でも，箱庭療法などの技法に関心があり，卒業論文のテーマとして取り組みたいと考えていました。箱庭療法とは，砂箱の中に玩具を配置していくことで，クライエントが自分の内面を表出していく心理療法です。卒業論文のテーマを考える中で，指導教員の先生から，コラージュ療法という技法を教えていただきました。コラージュは，もともとは美術の表現技法として利用されていたもので，雑誌や広告などの切り抜きを台紙の上に貼り付けることで表現をします。現在では，事例研究，基礎研究共に積み重ねられ，幅広い領域で活用されています。卒業論文では，教育現場におけるコラージュの応用という視点から，高校生を対象としたコラ

ージュ制作に関する研究を行いました。制作した人の性格や学級適応などの心理的特性が，表現にどのように現れるかを数量的に検討しました。この研究を通して学んだコラージュ療法に関する理論的な背景や研究の手法は，現在の自分の研究の基礎になっています。

　大学院に進学してからは，ブロックという素材の芸術療法における活用の可能性について研究してきました。もともとは子どものための玩具ですが，組み合わせによって無限の表現が可能であることや，誰もが童心にかえって安全に表現できる点など，箱庭療法やコラージュ療法と共通する特性もたくさんあることがわかってきました。コラージュ療法の理論を基盤としながら，ブロック制作がもつ効果や，他の技法との比較を行い，その成果を学位論文としてまとめました。この内容は，『ブロックとコラージュの臨床心理学―体験過程と表現特徴』という書籍として発行する機会もいただきました。この本が発行された後，何人かの方が感想をお話ししてくださいました。同じ分野の研究者の方たちからは，あたたかいお言葉や，今後の展開についてのご示唆をいただきました。とても嬉しかったことは，臨床心理学の分野を専門にする方以外にも，関心をもってくださった方がみえたことです。ブロックを用いた表現技法は，その成り立ちからも，たいへん活用の可能性は広く，個別のカウンセリング以外にも様々な領域で今後利用できると考えられます。また，これから心理学を本格的に学ぶ学生のみなさんにとっても，技法の魅力を正しくわかりやすく伝えることの大切さを感じました。このような背景から，これまでに行ってきた研究を基盤としながらも，わかりやすいことばで，より多くの方に技法の面白さを知っていただける本を書きたいという思いが芽生えました。これが，本書を出版したいと思った最初のきっかけです。

　本書では，「つながり」と「ひろがり」をキーワードに，心理臨床におけるブロック表現の可能性について紹介していきたいと思います。「つながり」は，これまでに発展してきた芸術療法の諸技法との理論的なつながりや，クライエントとセラピストのつながり，ブロックを媒体とした人と人とのつながりを指します。「ひろがり」は，個人の内面を映すブロック表現の可能性のひろがり，個別カウンセリングからグループにおける応用などに見られる活用の幅のひろがりなどを意味します。本書の内容は，筆者がこれまでに取り組んできた研究

を中心にまとめてあります。学術的な理論や根拠は示しつつも，研究論文とは異なり，できる限りわかりやすい言い回しに心がけて文章を構成しました。心理臨床に携わる方，教育や様々な対人援助に携わる方，これから心理学を学ばれる方，ブロックの魅力に触れてみたい方，それぞれにいろいろな動機でこの本を手にとっていただいたと思います。読者のみなさまにとって，この本のどこか一部分でも心に残ることがありましたら幸せです。

目　次

はじめに　i

1　素材としてのブロックの魅力・心理療法としてのブロック技法……1
1. ブロックの成り立ちとしくみ　1
2. 心理療法の素材としての可能性　2
3. 表現の幅のひろがり　3
4. 遊びとしての要素・表現のプロセス　5
5. 構成するということ　6
6. 枠の重要性　8
7. 心理療法としてのブロックの歴史　9
8. ブロック技法の詳細　12

2　ブロック技法が持つ心理的な効果……17
1. どのように効果を検証するか　17
2. ブロック制作がもつ心理的な効果の検討　18
3. 経験や性別が効果に与える影響　20
4. 制作者の気分と表現特徴の関連　23

3　形式と内容から見るブロック表現の特徴……27
1. ブロック表現と向き合う際の視点　27
2. 青年期・成人期におけるブロック表現の特徴　29
3. 実際の表現例からの検討　35

4 パーソナリティ特性とブロック表現の関連 ………………… 39
1. 芸術療法における表現特徴と心理的特性の関連　39
2. ブロック表現・コラージュ表現とパーソナリティの関連　40
3. 自己理解・他者理解の媒体として　44

5 事例の中にみるブロック表現 ………………………………… 47
1. 事例1　プレイセラピーにおける活用　47
2. 事例2　予防開発的な活用　51
3. 事例の中の表現に向き合うということ　56

6 高校生を対象とした協同ブロック制作の試み―個別描画場面との比較を通した制作体験の検討― ……………………… 59
1. グループにおける活用の可能性　59
2. グループワークの実際　60
3. 参加者の感想から見る制作体験　61

7 協同ブロック制作の効果の検討―ソーシャルスキル・信頼感・居場所感からの検討― ……………………………………… 69
1. 協同ブロック制作の効果　69
2. ソーシャルスキルと信頼感からの検討　70
3. 居場所感からの検討　74
4. 協同ブロック制作とコミュニケーション　78

8 グループ場面における活用の実際 …………………………… 81
1. 留学生支援における活用　81
2. 発達障害児のグループにおける活用　85
3. 教育場面におけるグループ　90

9 総合考察とこれからの課題 …………………………………… 95
1. ブロック表現による治療的効果について　95

2. 臨床心理学的アセスメントの媒体として　　97
   3. ブロック表現における表現の展開とテーマ性　　99
   4. グループにおける活用の可能性　　100
   5. 「つながり」と「ひろがり」——これからの活用に向けて——　　101

文　献　**105**
初出一覧　**109**
おわりに　**111**
事項索引　**113**
人名索引　**115**

素材としてのブロックの魅力・心理療法としてのブロック技法

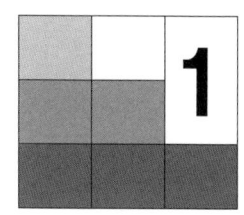

　この章では，ブロックという素材そのものが元来もっている特徴や魅力について見ていきたいと思います。また，心理療法の媒体として活用する際に，ブロックのどのような特徴が活かされるのかについても考えていきます。

1. ブロックの成り立ちとしくみ

　ブロック（block）ということばは，もともとは，木や石のかたまりを表すことばです。現在は，本書でも扱っているように，プラスチック製の積み木玩具の呼び方としても用いられています。玩具としてのブロックは，1950年代にデンマークで誕生しました。LEGO社が開発したブロックは，その後，世界中の子どもたちに親しまれることになります。レゴブロックは，組み合わせてくっつけることのできる積み木があったら面白いのではないかというコンセプトのもとに考案されたといわれています。そのアイデアの通り，レゴブロックの特徴は，ブロックどうしを自由な組み合わせで結合できることにあります。手に取ってみるとわかるのですが，当たり前のように自然にブロックどうしを結合させたり，バラバラに分解したりすることができます。どのような仕組みで，ブロックどうしがくっついているか考えてみたことがあるでしょうか。ブロックの裏側を見ると，筒状の構造が並んでいるのが目にとまります。この筒と筒の間に，表側の突起を挟み込むことによって，ブロックどうしを固定しているのです。この機構は，スタッドアンドチューブとよばれ，レゴブロックのオリジナルの仕組みです。この機構によって，ブロックどうしは簡単には離れることなく，様々な表現をすることができます。慣れないうちは，少し固く感じることもあるかもしれませんが，この安定感が，安心して表現をする上での重要な要素となっていると考えられます。

2. 心理療法の素材としての可能性

　ブロックはその組み合わせにより，無限の表現が可能なことが大きな魅力です。直方体に突起のついたブロックからは，一見無機質で固い印象を受けるかもしれませんが，組み合わせ次第では，柔軟な表現が可能です。学会などで他の研究者の方とコミュニケーションをする機会があるのですが，ブロックの特徴として，粘土などと似た部分もあることを指摘していただいたことがあります。ブロックと粘土では，ずいぶんイメージに違いがあり，両者がなかなかつながらないかと思います。しかし，これは，芸術療法の視点に基づいた，たいへん鋭い洞察です。

　たとえば，コラージュという技法があります。これは，もともとは美術の分野で用いられる，素材を台紙に貼り付けていくことで表現をする技法です。これを，心理療法として理論化し，心理臨床の様々な領域で活用されている技法が，コラージュ療法です。コラージュ療法（森谷，1988）は，携帯できる箱庭というアイデアをもとに開発され，台紙という保障された枠組みの中で，クライエントは，雑誌や広告などの切り抜きを貼り付けていきます。このように，安心して表現できる枠組みの存在と，既成のイメージの組み合わせによって自分の内面を表出するプロセスを含んでいることが，心理療法として大きな意味をもっています。心理療法としてのコラージュ療法は，美術の技法としてのコラージュと一見してよく似たものにみえますが，このような理論的な背景に，大きな独自性をもっています。

　筆者自身，コラージュ療法に関心があり，基礎研究に取り組んできました。そのような背景があったからこそ，ブロックを芸術療法の素材として活用できるのではないかと考えるようになりました。つまり，ブロックという既製の素材の組み合わせにより，そのイメージの力を借りながら，クライエントが自由に自分の内面を表出できるのではないかという発想です。実際に研究を行っていくと，そのような要素は十分にあることもわかってきました。しかし，当初考えていたような，コラージュとの共通点だけではなく，ブロックという素材の独自性もたくさんあることがみえてきました。これが先ほどの粘土とつなが

るのですが，個々のブロックには，コラージュ療法における切り抜きほど，明確なイメージは定まっていません。たとえば，コラージュの切り抜きは，その1つ1つが，人間や動物など様々なイメージを含んでいます。これに対して，ブロックのパーツは，単体では何かを表しているわけではありません。いわば，イメージの種のようなものです。大きさ，形，色，手触りなどを手がかりに，組み合わせることによってイメージを表出していきます。この点が，粘土などの表現と共通する部分ではないでしょうか。このような特徴から，ブロックは，たいへん自由度の高い素材であると考えられます。

　表現の自由度の高さは，心理的には，ポジティブな側面とネガティブな側面の両方を内包していると考えられます。ポジティブな面としては，制限を受けることなく，作り手は自由に表現をすることができます。これは，制作の際のワクワク感や達成感などにも関係するでしょうし，表現を楽しむ上でとても大切な要素です。しかし，この制限の無さは，同時にネガティブな面にもつながります。たとえば，自分自身が何か表現する時のことを考えてみるとわかりやすいかもしれません。真っ白な画用紙の上に，何でも自由に描いてみようと言われたとき，絵が好きな人や得意な人にとっては，何を描こうかワクワクする体験になると思います。ですが，絵を描くことが苦手な人にとっては，その自由さがかえって重荷になることもあります。これと同様に，表現の自由度という視点は，特に心理療法として素材を扱う際には重要な視点の1つになります。

3. 表現の幅のひろがり

　自由度の高さは，時として戸惑いにもつながるのですが，それをフォローするためのアイテムがブロックにはきちんと備わっています。筆者は研究上，ブロックを3つのカテゴリーに分類しています。

　1つめは，基本ブロック（basic blocks）です。これは，いちばん馴染みの深いもので，ブロックの典型的なイメージに近いものでしょう。赤，青，黄色など，様々な色の直方体状のブロックです。この基本ブロックが，あらゆる表現の基礎となります。研究で使用する際も，カウンセリングなどの実践場面で使用する際も，いちばんたくさんの種類と数を用意するのがこのブロックです。

2つめは，特殊ブロック（specific blocks）です。これは，特殊な形状のブロックを指します。たとえば，窓枠，タイヤ，木など，あらかじめ，ある程度の形やイメージが備わっているのが特徴です。実際にブロックを使った表現をする際には，この特殊ブロックにずいぶん助けられます。ブロック表現に慣れ親しんでいる人にとっては，基本ブロックのみを使って多彩な表現をすることも可能だと思います。しかし，初めての人にとっては，自由度の高さからなかなかイメージがわかないこともあります。このような時に，特殊ブロックが活躍します。これらのパーツは，完全に何かを体現しているわけではないのですが，程よく具体化されたイメージをもっているため，表現をするための手がかりとして用いることができます。そのため，特殊ブロックを組み合わせることにより，制作に慣れている人もそうでない人も，イメージを表出しやすくなっていると考えられます。

最後は，ミニフィグ（figures）とよばれるものです。これは，レゴの既製の人形を指します。小さな黄色の人形で，衣装や頭髪，持ち物などに様々なバリエーションがあります。他のブロックと同様，組み合わせ次第で，性別や職業などを自由に表現することが可能です。このミニフィグのよくできている点は，すべて同じ表情をしているのですが，動きやポーズをもたせることによって，様々な感情を投影できることにあります。たとえば，首をうなだれているようなポーズをさせれば，落ち込んでいるように見えますし，両手を挙げていれば，喜んでいるように見えます。このように，制作者の感情を投影させる余白を持っていることは，表現の媒体として非常に重要な要素です。また，人間の表現は，箱庭療法やコラージュ療法などにおいても，とても大切なものです。箱庭では，人形によって表現されますし，コラージュでは人物の写真などによって表現されます。ブロックを用いた表現でも，カウンセリング場面で用いる際には，この人間の表現は重要な意味をもってきます。しかし，他の技法に比べ，ブロックのみで人間の表現をするのはたいへんな技術を要します。そこで，このミニフィグが大切な役割を果たします。調査の結果，ブロック表現をする際に，かなりの割合の人がこのミニフィグを活用しています。自己像やコミュニケーションの指標などとして，多くの人がミニフィグを使用して豊かな表現を構築しています。そのため，特にグループで制作する際などには，十分な量と

種類のミニフィグを用意するように心がけています。

4. 遊びとしての要素・表現のプロセス

　本書では，ブロックを1つの表現の媒体としてとらえています。しかし，そのルーツを考えてみると，ブロックは子どもたちのための玩具として開発されています。そのため，ブロックには，子どもたちが夢中になれるような遊びの要素がたくさん詰まっています。まず，その色や形に目を向けてみると，とてもカラフルな色合いに目をひかれます。レゴの場合，原色に近い鮮やかなカラーリングが特徴的です。子どもにとってはたいへんわかりやすく，また好奇心をかきたてられることでしょう。形に関しても，無駄のないシンプルな造形です。先ほど，イメージの種ということばを使いましたが，まさにその通り，各ブロックの微妙な違いから，様々な発想が浮かぶことでしょう。

　制作のプロセスをみてみると，いくつかのパターンがあることに気づきます。青年期の人たちを対象とした研究の結果，多くの人が，「探す」「構成する」「配置する」という3つの要素の組み合わせで表現をしていることがわかりました。

　「探す」という要素は，どんなパーツがあるのだろう，何をつくろうかなどと，あれこれ考えながら，ブロックに触れてイメージを膨らませる段階です。カウンセリング場面や研究で制作をする際，筆者は，適度な大きさの箱の中に，様々な種類のブロックやミニフィグを混ぜて準備しておきます。表現する人は，その箱の中に手を入れて，ブロックを手でかき混ぜながら自分のイメージに合ったものを見つけていきます。ガラガラと，意外と大きな音がするのですが，楽しそうな表情を浮かべながらこのプロセスに向き合う人が多いのが印象的です。この様子を見ながら連想したのが，箱庭療法の砂に触れるときの感触です。もちろん，砂とブロックでは違うところも多いのですが，五感を使いながらイメージを膨らませていくプロセスは，どこか砂に触れる懐かしさに通じるところもあるのかもしれません。

　「構成する」ことは，つまり，組み立てることであり，ブロックのオリジナリティを表していると思います。この組み立て方にも人によって個性があり，たいへん面白い部分です。「配置する」ことは，組み立てたものをさらに大きな

枠組みの中に位置づけていくプロセスです。芸術療法として用いる場合，表現の枠組みとして基礎板というプレートの上で表現をします。この守られた枠組みの中に，組み立てたもの，たとえば家や車などを位置づけて自分の世界を構築していきます。いきなり基礎板の上に組み立てながら配置する人もいれば，一つ一つの表現を丁寧に組み立てた後で，それを順番に配置していく人もいます。こういった個性を見ていると，出来上がった表現は，あくまで結果であって，プロセスの重要性にあらためて気づきます。

　ここで，このプロセスについて，他の技法との関連を考えてみましょう。コラージュ療法における表現について，中村（1999）は，「カッティング」「構成」「貼り付け」という3つのプロセスから説明しています。「カッティング」は，素材の中から気に入ったものを選び，切り抜いていく段階です。「構成」では，切り抜いたピースを台紙の上に並べて構図を考えていきます。最後に，「貼り付け」の段階で，それを糊を使って台紙に貼り付けていきます。このように見てみると，ブロックとコラージュでは，その表現のプロセスに共通した要素を多分に含んでいます。この点からも，ブロックを使った表現が，心理療法としても大きな意義をもっていると考えられます。

5. 構成するということ

　心理療法といっても，様々なアプローチが存在します。分類のしかたは様々ですが，大きく分けると，言語を用いるものと，そうではないものがあります。一般的にカウンセリングというと，ことばを使ったやりとりを連想されることが多いと思います。しかし，中には，ことばを使ったコミュニケーションに苦手さを抱えるクライエントもいます。また，子どもを対象とした心理療法の場合，自分の内面をきちんとことばにして表現することは難しいということもあります。このような場合，ことば以外のものを媒体としたアプローチが有効となります。その1つに芸術療法があります。これは，様々な表現媒体の力を借りて，クライエントが自己の内面を表出し，セラピストがその過程を見守っていきます。セラピストは，クライエントの表現と向き合いながら，その意味や変遷の過程を見守っています。それを受けて，クライエントはまた新たな表現

をしていきます。このように，直接はことばで交流をしていなくても，表現を通して，クライエントとセラピストは非言語的かつ無意識的な交流をしています。この点が，芸術療法の治療的効果の1つの要になっています。

このように，どの芸術療法においても，クライエント，媒体，セラピストの存在は共通しています。ここでは，数ある芸術療法の中でも，ブロックという素材の独自性や他の素材との共通点について考えてみたいと思います。まず，大きな枠組みから見ていくと，ブロックを用いた表現は，構成的な技法であるといえます。中井（1993）は，箱庭療法や風景構成法に共通する理論的な枠組みとして，構成法ということばを使って説明しています。保障された空間の中で，素材の組み合わせによって構成をしていく点が，これらの技法に共通する特徴です。この点からいえば，コラージュ療法や，ブロック表現も，同じように構成的な要素を多分に有している技法であるといえそうです。一方で，先述したように，粘土のような自由度の高さを持ち合わせていることは，ブロックの独自性であると考えられます。他には，立体的な表現，積み上げるという特徴が，ブロックという素材がもつ特徴として挙げられます。立体的な表現が可能な媒体は他にもありますが，安定した表現も可能であり，積み方によっては，アンバランスな表現もできることはブロックのオリジナリティです。このように，揺らぎをともなった表現が可能であることは，心理療法として活用する際には，葛藤などの揺れ動く様々な感情を表現する上でも重要になると考えられます。

制作にあたり，空間構成の力が必要なこともブロックらしさです。Brosnan（1998）は，ブロック構成と空間認知の関連を検討しています。Brosnanの研究は，認知心理学的なアプローチです。そのため，芸術療法としての構成的な表現との関連を検討したものではありませんが，芸術療法の媒体としてブロックを利用した場合にも，同様に個人の空間認知スキルが表現に影響を与える可能性はあります。研究などの場面でブロック表現をしてもらう際，中には，「何を作っていいか思い浮かばない」と言って頭を悩ませる人もいます。あれこれ触っているうちに，最後には形になる場合が多いのですが，こういった感想はとても大切だと思っています。たとえば，風景構成法は，川や山など，あらかじめ描くアイテムとその順番が定められている技法です。箱庭やコラージ

ュも，玩具や切り抜きが，それぞれのイメージを持っています。これに対してブロックでは，特殊ブロックやミニフィグがイメージの手がかりになるものの，他の技法に比べてあいまいな刺激によって構成されています。このため，作り手は，最初にある程度の設計図のような，こういうものを作りたいというイメージを思い浮かべることが必要になってくるのかもしれません。

6. 枠の重要性

　心理療法において，たいへん重要な要素の1つに「枠」の概念があります。この点について少し触れてみます。カウンセリングを行う際，クライエントはもちろんですが，セラピストも含めて，安定した治療関係を守るためには「枠」が大切です。これには，いろいろな側面がありますが，たとえば，週に1度，決められた曜日の決められた時間に面接を行うという時間的な枠組み，この部屋の中では自由に話ができるという空間的な枠組み，これを目標にカウンセリングを一緒に進めていきましょうという治療契約に関する枠組みなどです。このような様々な枠組みに守られることによって，安心してカウンセリングを進めていくことができるのです。個別の心理療法に特有な枠組みもあります。子どもの場合，自分の気持ちをことばで十分に説明することは難しいです。このような場合，ことばの代わりに遊びを媒介して心理療法を進めていくプレイセラピーという手法が用いられます。ここでは，プレイルームというフィールドが，子どもが安心して自由に表現をする枠組みとして機能します。多くの芸術療法においても，同様の守られた枠組みが重要な役割を果たしています。箱庭療法では，砂の入った木枠がそうですし，コラージュ療法では，画用紙がそれにあたります。芸術療法の媒体としてブロックを使う場合は，基礎板とよばれる表面に突起がついたプレートを枠組みとして利用しています。この枠組みがあるのとないのでは，制作者の内的な体験にも大きな違いが出てきますし，表現の内容も異なってきます。これまでの研究から，使用する基礎板の大きさは，25 cm四方のものがちょうどいいと考えられています。市販の基礎板はサイズの幅がそれほど多い訳ではないのですが，この25 cm四方のものは比較的手に入りやすいものです。これより大きいと表現する際に構えてしまいますし，

小さいと手狭に感じてしまうようです。しかし，この点は，表現する人の年齢，モチベーションなどによる影響を受ける可能性もありますので，今後の検討が必要です。基礎板の色も，考慮する必要があるでしょう。筆者は，主に緑色のものを利用しています。市販のものでは，このサイズでは緑色と青色のものがあります。青色は，水のイメージを喚起しやすい色です。イメージを扱う心理療法において，水のイメージはとても大切です。箱庭療法でも，砂に隠れた木枠の内側は水色に塗られています。しかし，レゴの青色の基礎板の場合，色が原色に近く，全面がその色で塗られているということもあり，かなりダイレクトにイメージを刺激します。そのため，表現に基礎板の影響が強く働きすぎてしまうのではないかという心配もあります。緑色の場合，地面などのイメージにつながりやすく，表現をあまり邪魔せずに枠として機能するのではないかと考えています。この点も，今後の研究が必要ではありますが，セラピストが枠の意味を意識することはとても重要なことです。

7. 心理療法としてのブロックの歴史

　ここで，心理療法としてのブロックの活用に関して，その詳細について述べたいと思います。まず，はじめに，心理療法におけるブロックの利用の歴史についてまとめます。海外においては，認知機能の評価や幼児教育などの研究でブロックが素材として用いられることがありましたが，心理療法の媒体という観点は意外となかったようです。心理療法という観点で書かれたものとしては，Resnick（1976）の "Block Playing as a Therapeutic Technique"（心理療法としてのブロック遊び）という論文があります。ここでは，Playskool blocks という，積木状のブロック玩具が素材として用いられています。Resnick のアプローチでは，夫婦間や親子間でのコミュニケーションの問題に対するカウンセリングの中で，ブロック表現を媒体として用いています。一方がブロックを用いて表現をして，ことばを使ってその詳細を他方に伝えます。相手は，その情報をもとにブロック表現をしていきます。セッションごとに役割を交互に交代したり，表現プロセスの中で質問や回答を繰り返したりすることによって，お互いのコミュニケーションが促進されていきます。この研究は，早い段階で心

理臨床におけるブロックの活用の可能性に着目したものであるといえます。そして，本格的に心理療法の媒体としての活用を論文にまとめたのは，筆者の調べる限り，入江・大森（1991）が最初ではないかと思います。この事例研究では，場面緘黙児の精神療法過程において相互ブロック制作を導入しています。セラピストとクライエントが個々にブロックを用いた表現を行い，その変遷が治療の経過と共にまとめられています。また，この論文の中では，制作したブロックを箱庭の砂箱の中に配置する様子にも触れられており，表現の枠の重要性を予見するような要素も含んでいます。さらに年代をさかのぼると，今川ら（1985）の研究があります。ここでは，精神科の外来治療場面において，面接後に別室でブロック制作を行います。すると，非言語のブロック表現が面接と日常をつなぐ緩衝材のような役割を果たすことが認められています。このように，日本の精神医学，心理臨床の分野では，ブロックを表現の媒体として活用する土壌ができつつありました。このような背景のもと，「レゴ - ブロック療法」（入江・大森，1991），「ブロック技法」（入江，2004）などの名称で，心理療法の1つとしてブロックを用いた技法を位置づける試みがなされてきました。しかし，これ以降，本格的に技法として確立・理論化し，その効果を検証しようという試みは行われてきませんでした。そこで，筆者（加藤，2006a）は，箱庭療法やコラージュ療法の理論をもとに，ブロックを用いた表現技法を実践し，基礎研究の中でその効果を検討しました。筆者は「ブロック技法」という名前を使っています（国際誌で発表する際には，"Block Technique"という呼称を用いています）。このネーミングには，いくつかの理由があります。まず，2006年に論文を発表した際，最初は，先行研究にならいブロック療法という名前を考えていました。しかし，論文の審査のプロセスの中で，臨床的な治療効果のエビデンスが示される前に「療法」というのはまだ適切ではないという指摘がありました。また，その後の研究の展開として，制作者の内面を投影するアセスメントの媒体としての活用や，グループによる利用などの可能性も考えられました。このような背景から，幅広い活用の可能性もこめて，「技法」という呼び方を用いることにしました。また，ブロックという一般名詞を用いているのは，商標の関係もありますが，ブロックという素材が本来もつ魅力や表現の可能性を大切にしたいという気持ちも関係しています。

欧米では，LeGoffらを中心に，自閉症やアスペルガー障害をもつ子どもたちのグループセラピーの媒体としてブロックを用いる試みが行われています。彼らのアプローチは，グループセラピーの考え方に基づくもので，ソーシャルスキルなどの観点から効果の検証を行っています。ちなみに，LeGoffは，"Lego Therapy"という呼び方を用いています。本書で紹介するブロック技法では，保障された枠組みの中で，セラピストに見守られながら，組み合わせによって表現をすることが理論的な基盤です。このような点からも両者には理論的な背景において異なる部分も多くあります。同じ「ことば」を用いた心理療法にも，様々な理論に基づく技法があるように，同じブロックという媒体を用いながらも色々なアプローチが生まれるのかもしれません。この点は，国際的に見ても研究者の数はまだ少ないので，今後の研究の蓄積と発展が重要だと考えています。ゆくゆくは，どのようなケースには，どのようなアプローチが有効というような知見も開けてくるのではないでしょうか。

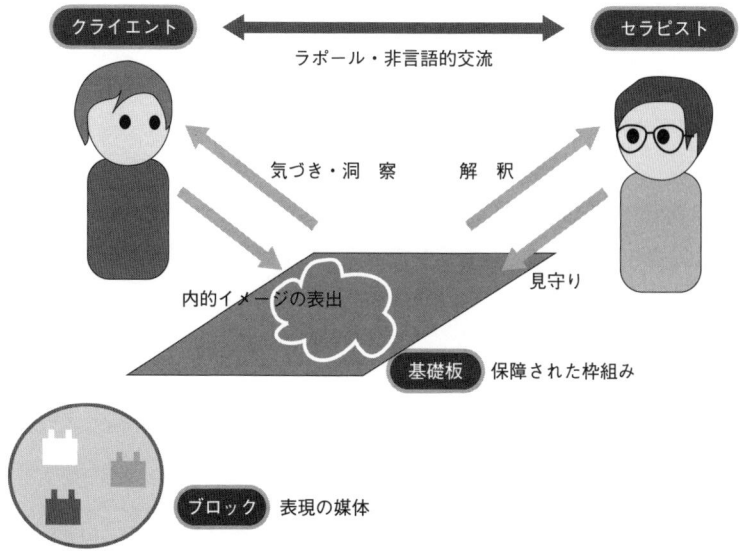

Figure 1-1. ブロック技法の理論と枠組み

8. ブロック技法の詳細

ブロックについては，先述のように，基本ブロックを中心に，特殊ブロック，ミニフィグを一定量用意します。どの種類をどれくらい用意するかというのが重要な点ですが，この点については後の章で詳しく述べたいと思いますので，ここでは大まかな概要を説明します。

基本ブロックについては，すべての表現の基盤となるので，様々な色や形のものを十分に用意するようにしています。実際に技法を導入してみると，思い通りの表現をするためには，想定していたよりもたくさんのブロックが必要なこともわかってきました。また，特定の色をたくさん使う人もいます。たとえば，豊かな水の表現をしたくて，青色を大量に使う場合などがあります。統計的にこれくらいが適量という指標はわかりつつあるのですが，臨床場面で使用する場合は，クライエントの好みや特性に合わせて素材を用意することが大切でしょう。

特殊ブロックは，ある程度形状が定まっているため，イメージのきっかけのような働きをします。筆者が用意しているものとしては，木，花，食べ物，タイヤ，窓枠，動物，柵などがあります。このアイテムの選択にも，箱庭やコラ

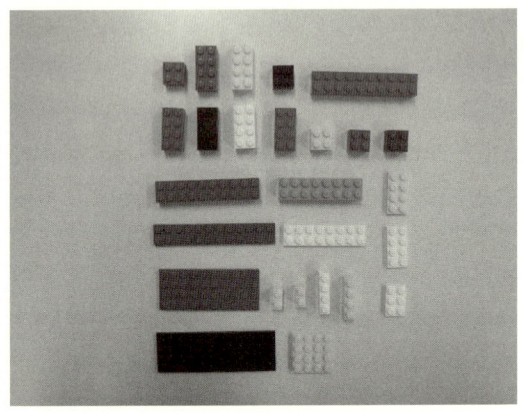

Figure 1-2. 基本ブロックの例

ージュの知見がたいへん参考になります。動物，植物，食物，建物，乗り物などは，箱庭やコラージュにおいても重要な意味をもつ表現です。ブロック技法においてもその点は共通するイメージであると考えられます。ですが，ブロックを使用する場合，制作に慣れていない人にとっては，基本ブロックのみを使ってこれらの表現をすることはたいへんなエネルギーを要します。そこで，このような特殊ブロックが手助けをすることで，様々なイメージを形にしやすくなると考えています。柵も，よく用いられるパーツです。特定の領域を囲ったり，枠の中にもう一回り小さい枠をつくったりすることもあります。この点はたいへん興味深いのですが，風景構成法におけるサインペンで示された枠や，描画法などにおける枠づけ法などと共通する意味合いがあると考えられます。

　ミニフィグは，人間の表現をする際に欠かせない素材です。複数の人物を登場させて，様々な力動が表現されることも多いため，十分な量のミニフィグを用意します。現実自己や理想自己などの自己像のイメージとして用いられることもありますし，その人の対人関係のもち方や感じ方が投影されることもあり，非常に大切な要素だと思います。役割に多様性をもたせるために，ミニフィグの付加物も用意しておきます。性別などのイメージにつながる頭髪のパーツ，

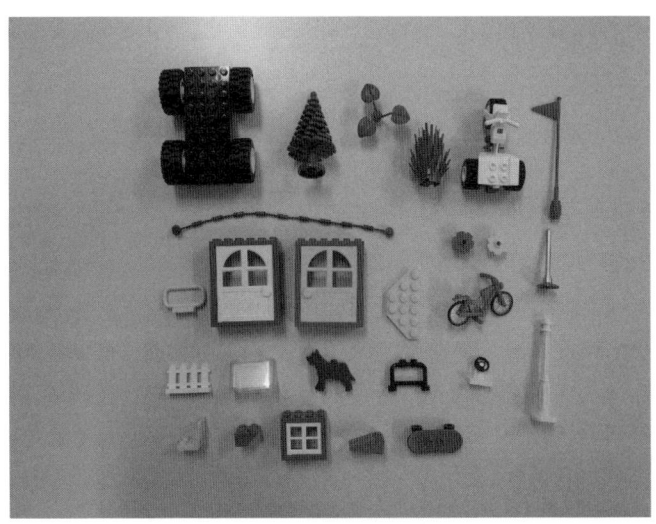

Figure 1-3. 特殊ブロックの例

Figure 1-4. ミニフィグおよび付加物の例

職業などが表現できる小道具などがそうです。前にも触れたように，ポーズや配置でいろいろな表情や感情を投影できる余白をもっているところがミニフィグのよさだと感じています。最近のレゴのミニフィグには，あらかじめ表情がプリントされたものや，いわゆるキャラクターものも増えているのですが，個人的な感想としては，心理療法として用いる際には昔ながらの顔のものがいちばん安心して使用できると思います。もっとも，既成のイメージ（ヒーローや悪者など）があることにより，役割を演じやすい特徴もあると思いますので，この点は一度きちんと検討したいと考えています。

Figure 1-5. 基礎板

最後に，表現の土台として，基礎板を用います。この点が，ブロック技法の重要な独自性の1つになっています。心理療法における枠の大切さに関しては先ほど詳しく説明した通りですが，クライエントの表現を保障する大切な守りとして機能します。基礎板は，だだの板ではなく，表面に突起がついているため表現を固定することができます。この点も，安心して表現する上で重要です。コラージュ療法では，貼り付けるというプロセスが重要な意味をもちますが，同様に，自分の表現をそこに固定する作業は，心理的にも大切な体験なのではないでしょうか。

ブロック技法が持つ心理的な効果

　第1章では，ブロック技法の理論的な背景について説明してきました。次に大切になるのは，では，本当にそのような心理的な効果が得られるのかということです。ここで重要な役割を果たすのが，効果を検証するための基礎研究です。この章では，ブロック技法が私たちの心に与える影響について考えていきたいと思います。この内容に関しては，『ブロックとコラージュの臨床心理学―体験過程と表現特徴』という本の中でも触れました。共通する内容も含みますが，とても重要な部分ですので，本書では，エッセンスをわかりやすく説明していきたいと思います。

1. どのように効果を検証するか

　ブロック技法に限りませんが，何か新しい技法を開発する場合には，その効果や安全性を検討する必要があります。たとえば，新薬の開発などをイメージしていただくとわかりやすいと思うのですが，私たちの手元に届くまでには何重にもわたる検査が繰り返されています。心理療法においても，実際に広く活用するためには，その効果や気をつけるべきことなどを明らかにしておく必要があります。心理学の研究において，そのために用いられるアプローチの1つが，統計を応用した基礎研究です。技法の前後で心理検査などを用いることにより，心理的な効果を測定します。

　コラージュ療法の基礎的研究の分野において，治療的効果の検討のためにPOMSを活用した研究があります。POMS（Profile of Mood States）は，気分を評価する質問紙法の1つとして開発されたもので，「緊張‐不安（Tension-Anxiety）」「抑うつ‐落込み（Depression-Dejection）」「怒り‐敵意（Anger-Hostility）」「活気（Vigor）」「疲労（Fatigue）」「混乱（Confusion）」の6つの

気分尺度を同時に測定できる心理検査です。被験者がおかれた条件により変化する一時的な気分・感情の状態を測定できることが特徴です。近喰（2000）は，コラージュ制作が精神・身体に与える影響と効果を検討するため，コラージュ制作の前後における POMS の 6 感情尺度の平均得点を比較しました。この結果，「活気」においては，制作後の得点が有意に高く，「抑うつ－落込み」「怒り－敵意」「疲労」「緊張－不安」「混乱」においては，制作後の得点が有意に低いことが確認されています。

　これまでに述べてきたとおり，ブロック技法は，箱庭療法やコラージュ療法の理論を基盤にしています。そのため，これらの技法と共通する効果も多いと考えられます。このような考えのもと，加藤（2006a）は，POMS を用いてブロック技法の心理的効果について検討しました。この研究によって見えてきたことについて，特に重要な部分にフォーカスしながら説明していきたいと思います。

2. ブロック制作がもつ心理的な効果の検討

■ 2.1. 対象と手続き

　この調査では，20 代から 30 代の一般大学生，大学院生，社会人 22 名を対象としました（男性 9 名，女性 13 名，平均年齢 24.4 歳）。

　調査のアウトラインとしては，ブロック制作の前後で，POMS への回答をしてもらい，その結果がどのように変化するのかということを検討します。先述のように，POMS は，「緊張－不安」「抑うつ－落込み」「怒り－敵意」「活気」「疲労」「混乱」の 6 つの観点から気分状態を測定することが可能です。ブロック制作の効果として，活気の上昇や，緊張や疲労感などの減少の効果が得られると期待されます。実験は，個別面接形式によって実施されました。まず，被験者には，日本版 POMS への回答が求められ，現在を含む過去 1 週間の気分を測定します。その後，箱の中のブロックを使って，基礎板の上に好きなものを作るようにインストラクションが与えられました。制作にあたっては，第 1 章で述べてきたように，十分な量の基本ブロック，特殊ブロック，ミニフィグが用意されました。基礎板は，25 cm 四方の緑色のものを準備しました。最後

に，再び POMS によって制作後の気分が測定されます。

2.2. 調査の結果からみえる心のうごき

　制作前後の POMS の得点を比較したところ，「活気」においては，有意な変化は認められませんでした。それに対して，「抑うつ−落込み」「怒り−敵意」「疲労」「緊張−不安」「混乱」に関しては，制作前に比べ，制作後の得点が減少し，有意な差が認められました。実験前の仮説としては，遊びの要素が強いブロックに触れることによって，活気の上昇がみられるのではないかと考えていました。しかし，予想に反して，大きな変化は認められませんでした。結果が出なかった際に，その意味を考えていくことからわかることもたくさんあります。このことを考える上で，制作プロセスや，表現の内容の中にヒントがあるように感じます。今回は，20代，30代の人に調査に協力してもらいました。遊び心のある表現をしてくれた人もいたのですが，全体的な印象としては，落ち着いたイメージの作品が多く見られました。家庭，公園など，身近にあるイメージの表現が多く，そこでコミュニケーションをとる人たちの姿が描かれていました。子どもを対象にした場合，空想の世界を表現したり，つくったものを動かして遊んだりと，よりアクティブなプロセスが展開されることが予想されます。このような展開の中では，ワクワクした気持ちが起こったり，活気が上昇したりすると考えられます。しかし，成人を対象とした場合，子どもとはやや異なり，より現実的なイメージを表出しやすいのではないでしょうか。また，登場人物の中に自己像も登場しやすいと思われます。このように，自分の現実生活や理想などと重ねながら表現し，「遊ぶ」というよりも，イメージを目に見える形として「おさめる」体験をしていると考えることもできます。そう考えると，「抑うつ−落込み」「怒り−敵意」「疲労」「緊張−不安」「混乱」などの感情が低減したことにも納得できます。大人にとって，ブロック制作は，気分の高揚というよりも，内面を表現することによって気持ちを落ち着け，ネガティブな感情を低減させる効果をもつのではないでしょうか。

　活気において有意な上昇が認められなかった点は，近喰（2000）によってコラージュ療法の効果を検討した結果とは異なります。これには，コラージュとブロックの両者の特徴が影響を与えていると考えられます。この点について，

Table 2-1. ブロック制作前後における気分変化

		制作前	制作後
活気	mean	14.91	16.14n.s.
	SD	5.91	6.27
抑うつ-落込み	mean	16.59	10.23**
	SD	8.74	7.02
怒り-敵意	mean	10.14	3.95**
	SD	6.91	3.68
疲労	mean	14.32	8.14**
	SD	5.18	4.92
緊張-不安	mean	15.64	10.05**
	SD	6.11	5.04
混乱	mean	11.23	8.86**
	SD	4.70	4.21

$**p<.01$

考察してみたいと思います。コラージュの制作過程は、ハサミで素材を切り抜き、それを台紙に貼り付けていくものです。この点に関して、中井（1993）は、スリルを求めることを意味する、「フィロバティズム」という言葉を用いて説明しています。そして、「コラージュ作者には、いくぶん誇大的・躁的爽快感があってもふしぎではない」と述べています。これに対し、ブロック技法においては、コラージュにおける「ハサミで切る」というようなフィロバティックな要素よりも、「つなげる」「組み立てる」といった安定感のある要素が強いと考えられます。このような違いが、コラージュとブロックにおける気分変容の差異に影響を与えているのではないでしょうか。当初、遊びの要素を多分に含んでいることから、ブロック技法では、よりダイナミックな心のうごきが発生し、ポジティブな感情が増進されると考えていました。しかし、実際は、そのような要素もありつつも、自己の内面と向き合いながら気持ちを整理して落ち着けていく体験がたいへん重要であることがわかってきました。

3. 経験や性別が効果に与える影響

　ブロック技法が私たちの心理に与える影響に関して、全体的な傾向がわかってきたかと思います。しかし、心理的な効果に関しては個人差も大きく、様々

な心理社会的要因の影響を受けるものと考えられます。そこで，今度は，ブロック表現による気分変容に関して，個人の過去にブロックで遊んだ経験や性別がどのように影響を与えるのかについて検討します。

　ブロック制作における，性別および経験の有無による気分変容の違いを検討した結果，「活気」と「緊張‐不安」において有意な差が認められました。

　POMSにおける，「活気」や「緊張‐不安」という下位得点は，気分の高揚やリラックスなどの要素に関わりの深いものであると考えられます。箱庭療法の治療的効果に関して，木村（1985）は，「心理的退行」「自己表出」「内面の意識化」「美意識の満足」などを挙げています。気分の高揚やリラックスの効果は，この中でも，「心理的退行」に特に強く関連するものであると考えられます。木村（1985）は，箱庭療法における砂の意味に注目し，砂はそれ自体，治療的な素材であり，多くの場合このような砂との戯れは心の防衛を解き，人をリラックスさせるとしています。さらに，こうした生理的な刺激に助けられてクライエントは緊張がほぐれ，少しずつ自己の内面の深い世界を表出するようになると指摘しています。このように，箱庭においては，砂や玩具に触れることが心理的退行を促進しているものと考えられます。箱庭やコラージュにおける，砂に触れる感覚や，はさみで切って貼り付けるという行為は，多くの人々の中に，ある程度普遍的に存在する懐かしい記憶であり，これが心理的退行という要素に影響を与えているのではないでしょうか。ブロック技法においても，素材の組み合わせによって，保障された枠組みの中で表現を行うという部分は箱庭やコラージュと共通するものであり，同様の効果が得られるものと期待されます。同時に，表現の媒体としてブロックという玩具を使用することによって，その効果において，箱庭やコラージュとの相違点が生じることも考えられます。箱庭やコラージュにおける，砂に触れる，はさみで切って貼るという行為が，ある程度普遍的な要素であるのに対して，ブロックに触れて組み立てるという行為は，過去の経験において，それが日常的なものであったかどうかという点で個人差が大きいのではないかと考えられます。このように，心理的退行に関連の深い，「活気」や，「緊張‐不安」という要素に関しては，ブロックという媒体に対する個人の経験による影響が大きいと考えることもできるため，今回は有意な差が認められたのではないでしょうか。

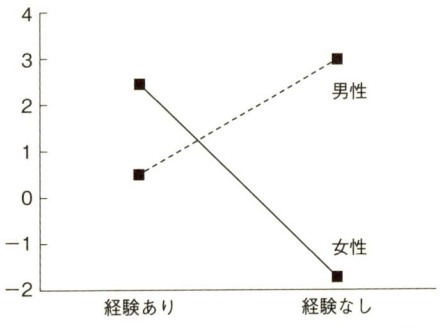

Figure 2-1. 「活気」における性別と経験の影響

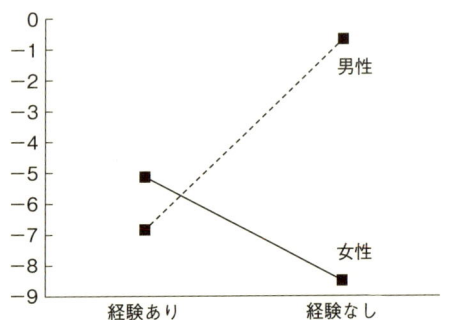

Figure 2-2. 「緊張-不安」における性別と経験の影響

　さらに，経験による影響は，性別によって異なった結果を示している点が興味深いです。「活気」に関しては，男性においては経験に関係なく一定の効果が認められましたが，女性においては，経験のない群においてはその効果が認められませんでした。また，「緊張-不安」に関しては，女性においては経験に関係なく一定の効果が認められましたが，経験のない男性においてはその効果が認められませんでした。これらの結果から，一概に判断することはできないものの，ブロック表現をすることに対する性別による特徴の違いが，気分変容に何らかの影響を与えているのではないかと考えられます。

　経験のない群に着目した場合，男性においては，活気の上昇という効果が現れやすくなっています。ブロック制作によって遊び的な感覚が生まれ，制作を通して気分の高揚や活気の上昇が認められたものと推測されます。男性においては，たとえ過去にブロックに触れた経験がなくても，組み立てることや，工

作をすることに対する親和性が高いものと予想されるため，このような特徴が活気の上昇に関連しているのではないでしょうか。

女性に関しては，経験のない群において，男性よりも緊張や不安の得点の減少が大きいことが特徴です。女性では，男性に比べ，制作前の「緊張－不安」の得点が高いことから，制作自体に対する緊張が存在した可能性も考えられるため解釈には注意が必要ですが，緊張の緩和やリラックスの効果が得られやすかったものと推測されます。木村（1985）は，箱庭療法の体験として，「自己表出」や「内面の意識化」などを挙げていますが，これらの要素は，制作を通して自分自身と向き合い，それを表出することによって，気持ちを落ち着ける効果にもつながっていると考えられます。ブロック制作における，素材を選択し，再構成するというプロセスは，自分自身と向き合い，表現をする機会でもあり，女性においては，このようなプロセスから，内面の意識化や自己表出が体験され，気持ちを落ち着ける効果につながったのではないでしょうか。

4. 制作者の気分と表現特徴の関連

これまで，ブロック表現が私たちの心理に与える効果について考えてきました。制作者の心理にうごきが生じているとすれば，その特徴もブロック表現に反映されている可能性があります。このような観点から，今度は，制作者の気分状態がその人のブロック表現にどのように影響を与えるのかを検討したいと思います。

形式的な特徴に関しては，「混乱」において，作品の高さに有意な差が認められました。「混乱」の得点が低い群の方が作品の高さが高いことが認められました。一定の高さのある作品は，表現に豊かさがあり，作品に動きを出すことができますが，逆に，積み上げがあまりに少ない作品は，平淡な印象を与えるものとなります。このように，豊かな表現をするためには，ある程度の安定した心理状態が必要であると考えられ，これが，混乱と作品の高さの関係に現れていると考えられます。ただし，作品の高さが一定水準を越える場合，見る者に，不均衡もしくは危うさといった印象を与える可能性もあります。今回の作品群の中には，極端に高く積み上げられた作品は認められませんでしたが，

臨床群の作品を見る際などには注意が必要です。また，高さという視点は，ブロックを使用した場合のオリジナリティの1つであると言えます。コラージュにおいては，遠近法などの技法を用いることによって奥行きなどを表現することは可能ですが，作品自体は2次元上の表現から成ります。箱庭は3次元の表現ですが，表現の媒体として砂が大きな役割を果たしていることから，砂に水を含ませたような特殊な条件を除けば，積み上げるという表現はそれほど多くは認められないと考えられます。ブロックを積み上げることによって生まれる表現は，活動性や精神的健康度の指標として捉えることもできるでしょうし，また，極度なものに関しては，揺らぎやアンバランスを伴ったものになると考えられるため，アセスメントの際に重要な視点の1つとなると考えられます。

　また，「緊張－不安」において，余白の量に有意な差が認められました。「緊張－不安」の得点が高い群の方が余白の量が少ないことが認められました。緊張や不安が低い群の作品は，適度な余白があり，落ち着いた印象を与えるものが多いです。これに対し，緊張や不安が高い群の作品には，基礎板の全体にわたってブロックが配置されたものもあり，まとまりのない印象を受けます。緊張の高さが，全体のまとまりのなさや，拡散されたイメージとして表出されたものと考えられます。コラージュの基礎的研究において，アセスメントの指標として余白の量を分析した研究として，今村（2001a）があります。今村（2001a）は，一般成人と統合失調症者の作品の比較において，統合失調症者の作品に余白が多いことを示しています。また，加藤（2004）では，高校生を対象に，学級適応と作品特性の関連を検討した結果，適応度の低い生徒の作品では余白が少ないことが示され，強迫的な心性との関連について考察されました。同じように，ブロック表現においても，緊張や不安の高さが，強迫的な特徴として表出されているのかもしれません。ブロック作品をアセスメントとして用いる際にも，この余白の量は1つの視点として活用が可能であると考えられます。

　内容に関しては，まず，「怒り－敵意」と人間の間に有意な関連がありました。「怒り－敵意」が高い群の方が，人間の出現頻度が低い傾向が認められました。コラージュと性格特性の関連において，人間の切り抜きが重要な意味をもつことは，佐藤（2002）や，佐野（2002）などによって示されています。佐藤

(2002) は，人間全身の少ない被験者は，YG 性格検査における攻撃性尺度得点が高いことを示しています。本調査における，人形を使った人間の表現は，コラージュにおける人間全身の切り抜きに相当するものであると考えられることから，他人に対する敵対的な感情が，人間表現の乏しさとして現れているのではないでしょうか。

また，「疲労」と乗り物の間に有意な関連がありました。「疲労」が高い群の方が，乗り物の出現頻度が低いことが認められました。今村（2001b）は，一般成人と統合失調症者の活動性の違いから，乗り物の意味について，作成者の行動性や外界への関心を表すものと考察しています。ブロック作品においても，乗り物の存在は作品の中に動きを生み，制作者の活動性を表しているものと考えられます。疲労の高い群においては，エネルギーの乏しさや，関心の低下により，外の世界への関心を表す乗り物が表現されにくいのではないでしょうか。

このように，ブロック技法は，心理療法としての活用の可能性に加え，私たちの様々な心理的特性を理解するための媒体としても応用ができると考えられます。この点について，次章以降で詳しく検討していきたいと思います。

形式と内容から見る
ブロック表現の特徴

1. ブロック表現と向き合う際の視点

■ 1.1. どこに目を向けるか

　これまでの章では，ブロック技法の基礎的な理論や，治療的効果などの観点から，私たちの心に与える影響についてお話ししてきました。この章では，少し視点を変えて，表現そのものに目を向けてみたいと思います。第1章でも触れたように，もともとブロック技法は心理療法として開発されたものですが，臨床心理学的アセスメントの手がかりとしても活用が可能であると考えられています。他の芸術療法と同様に，ブロック表現には制作者の心理状態が多分に反映されます。性格や病態水準など，関連する要素は多くあると考えられますが，アセスメントの手がかりとしてブロック技法を活用するためには，まず，基礎的なデータを集めることが大切です。技法自体が新しいため，基本的なデータがまだまだ十分ではありません。たとえば，技法を導入する際，どの種類のブロックをどれくらい準備すればよいのか，クライエントの年齢や性別などによって使用するブロックに違いはあるのか，アセスメントとして活用できるとすればどのような点に注目すればよいのかなど，検討すべき点はたくさんあります。

　そこで，まずは，基礎的研究として，一般成人を対象として，ブロック表現を様々な要素から見ていきたいと思います。ここでは，特に形式（Form）と内容（Content）という2つの点に焦点を当てていきます。臨床心理学的アセスメントにおいて，この形式分析と内容分析という視点はとても重要なものです。たとえば，投影法検査として広く活用されているロールシャッハテストにおい

ても，この点は分析の要になっています。ブロック技法と共通の枠組みをもつ，コラージュ療法においても，作品と向き合う際にはこの視点が重視されます。たとえば，今村（2001a）は，統合失調症者のコラージュ表現を数量的な観点から詳細に分析していますが，ここでも形式と内容の両面から検討がされています。コラージュにおける形式的特徴としては，たとえば，切片数，余白の分量，明度などが挙げられます。内容的特徴としては，どのような表現をどれくらいしたかということに注目します。人間，動物，植物，食べ物など，表現の中身を注意深く見ていきます。このような他技法によって培われてきた視点が，ブロック表現を見る際にも役立つと考えられます。

■ 1.2. 形式的特徴と内容的特徴

では，ブロック表現における形式的特徴と内容的特徴とは，どのようなものがあてはまるのでしょうか。

まず，形式的特徴としては，使用されたブロックの数があります。ブロック技法では，基本ブロックと特殊ブロックを用いますが，それぞれどれくらいの分量を用いたのかに注目します。この情報は，これから技法を導入する際に大切になります。表現をするにあたり，ちょうどいい素材の量というのがあるはずです。しかし，はじめは試行錯誤で，基礎研究や事例研究を積み重ねていかなければ，なかなかこのちょうどいい分量にたどり着くことができません。多すぎても戸惑いを感じてしまいますし，少なすぎても満足のいく表現をすることができません。

次に，コラージュとも共通するのですが，余白の分量があります。これは，裏を返せば，どれくらいの領域に表現をしたかという視点です。ブロック技法では，基礎板の上に表現をするため，表現のためのフィールドが保障されています。この守られた環境の中で，どれくらいの広さに表現をするのかは，人によって，また心理状態によって違いが出てくると考えられます。測定のしかたには様々な方法がありますが，基礎研究の場合，筆者は，まず条件を統制して真上から作品を撮影します。その後，写真をコンピュータに取り込み，画像処理をして正確な表現領域の割合を算出しています。しかし，これはあくまで基礎研究の場合です。後ほど触れますが，実際の臨床場面で表現に向き合う際に

は，目の前の表現の印象や雰囲気にきちんと向き合うことが大切です。ですので，今ここで述べているのは，あくまでそのための基本的な土台になる視点です。

ブロックの特徴として，積み上げるという要素があります。これはブロック独自の魅力の1つです。実際に，研究や実践の中でいろいろな人の表現に向き合っていると，たとえば，タワーや山など，かなり高くブロックを積み上げる表現に出会います。そこには，その人なりの様々な思いや内面が投影されている可能性があります。そのため，形式的特徴の1つとして，この「高さ」にも注目しています。

ブロック技法では，実に多様な表現が可能なのが魅力です。内容面でも，様々な表現が登場します。この中身を詳しく見る際には，やはり，他の技法における先行研究が参考になります。河合（1969）は，箱庭において必要な玩具として，人・動物・木・花・乗り物・怪獣などを挙げています。また，宗教的なものや柵，塀なども重要であるとしています。これらの表現内容は，コラージュの内容的特徴としても重視されるものです。このような視点は，ブロック技法においても活用が可能であると考えられます。今回は，数ある表現の中でも，多くのブロック表現に共通して登場する，人間，動物，植物，乗り物，建物に焦点を当てたいと思います。

2. 青年期・成人期におけるブロック表現の特徴

■ 2.1. 調査の概要

青年期後期から成人期の人たちのブロック表現に関する基礎的データを収集しました。33人の大学生・大学院生・社会人を対象とし，個別面接形式および，心理学の授業の中でブロック表現をしました。個別面接形式の場合（22人，男性9人，女性13人）は，合計350個の基本ブロック，特殊ブロック，15のミニフィグを箱の中に用意しました。心理学の授業の場合（11人，男性3人，女性8人）は，1700個のブロックと60のミニフィグを用意しました。いずれの場合も，基礎板の上にブロックやミニフィグを使って自由に表現をするように求めます。制作時間は，個別面接形式の平均は22分，心理学の授業の場合も

30分以内にはすべての人が制作を終えました。

2.2. 使用するブロックの基本的特徴と相関

これから，ブロック技法を活用していく上で，表現に関する基本的な統計量を把握しておくことは重要です。第一に，形式的特徴の相関関係を検討します。ここでは，基本ブロック数，特殊ブロック数，ミニフィグの数，高さ，表現領域の5つの観点から形式的特徴を検討します。相関関係とは，2つの変数の関係の強さをあらわします。つまり，形式的特徴のどことどこに関連があるのかをみるのが分析の目的です。各変数の相関係数を求めたところ，基本ブロック数と表現領域の間に有意な相関が認められました。また，特殊ブロック数とミニフィグの数の間にも有意な相関が認められました。

基本ブロック数と表現領域の間に関連が認められたことは，わかりやすい結果といえると思います。基本ブロックをたくさん使用するほど，表現領域も広くなることを意味しています。これらは，どちらも豊かな表現の指標になりうるのではないでしょうか。一方，特殊ブロック数とミニフィグの数の間の関連は，その意味を考えることが重要です。ミニフィグが基本ブロック数ではなく特殊ブロック数との間に関連が見られたことが意味をもちそうです。特殊ブロックの内容に目を向けてみると，ユニークな形状をしたものが多く含まれており，表現の可能性を広げたり，うごきを出したりするはたらきがあると考えられます。ミニフィグも同様に，表現の中に，人々の交流や動きを生み出すことに一役買っています。このような観点から考えると，どちらも，よりダイナミックで個性的な表現をするために重要な要素をもつ点が共通しています。

Table 3-1. ブロック形式的特徴の相関

	基本ブロック	特殊ブロック	ミニフィグ	高さ	表現領域
基本ブロック	1.00				
特殊ブロック	－0.17	1.00			
ミニフィグ	－0.09	0.50**	1.00		
高さ	－0.09	0.28	0.18	1.00	
表現領域	0.53**	0.25	0.17	0.17	1.00

$**p<.01$

■ 2.3. ブロック表現の形式的特徴

　まず，はじめに，全体的な特徴から眺めていくことにしましょう。基本ブロックでは，全体の平均が47.3，標準偏差が27.9でした。標準偏差とは，データのばらつきを示す指標です。この数字が大きいほど，人によって使用するブロックの量にばらつきが生じやすいということになります。これに対し，特殊ブロックでは，平均が21.8，標準偏差が13.0でした。これらのデータから，基本ブロックをもとに表現の基礎を作りつつ，特殊ブロックを効果的に用いることで表現に多様性を出しているのではないかと考えられます。最も身近で扱いやすいブロックが基本ブロックであると言えますが，標準偏差の大きさから，人によってかなり使用量にばらつきがあることもわかります。使用量が極端に少ない場合，または多い場合は，その人の個性を表している可能性もありそうです。全体的な傾向としては，特殊ブロックは，基本ブロックに比べて使用量が少ないことが認められました。特殊ブロックは，窓枠や動植物など，一定のイメージを具体的に体現したものを多く含みます。基本ブロックの中にこれらを適度にもち込むことによって，その人らしい表現が可能になるのではないでしょうか。特殊ブロックを全く用いない表現は無機質でやや固い印象を与えるかもしれませんし，逆に，過剰に使用する場合にはまとまりのなさを感じるかもしれません。特殊ブロックの使用のしかたは，その表現の印象にも大きな影響を与えていることが予想されます。

　ミニフィグの量は，平均が4.1，標準偏差は2.9でした。多くの人が，複数のミニフィグを使用しています。複数のミニフィグを用いることにより，登場人物の間でコミュニケーションが発生します。そこに現れた人物どうしの関係性や役割に目を向けていくことも，表現を理解する際に大切な視点になるのではないでしょうか。また，ミニフィグは，工夫によって性別や様々な職業などを表現することが可能です。制作者の自己像（現実自己や理想自己など）が，ミニフィグを通じて表現されることもあると考えられます。

　高さの平均は7.5 cm，標準偏差は1.9でした。7.5 cmという高さは，見た目として受ける印象では，高すぎず低すぎず，バランスのとれた高さです。また，高さに関しては他の指標に比べてばらつきが少ないことも特徴であると言えます。このため，極端に高さの低い表現は平板な印象を受けますし，高く積み上

げたものは目を引いたりアンバランスな印象を与えたりすることもあります。いずれの場合も，その表現の全体的な印象に影響を与える要因であるため，高さも重要な因子の1つであると考えられます。

　表現領域の平均は 27.1%，標準偏差は 9.0 でした。高さと同様に，表現領域に関しても数値からイメージすることが難しいかもしれません。全体に占める表現の割合が3割弱なわけですから，ずいぶんと余白が大きいように感じるかもしれません。筆者が，以前に高校生を対象としてコラージュ表現における表現領域を測定した研究（加藤，2004）では，平均は約55%でした。たしかに，データで比較しても，ブロックの表現領域はやや少なそうです。これには，二次元の表現と三次元の表現の違いが関わっていると考えられます。コラージュでは，台紙に切り抜きを貼り付けることで表現を展開していきます。素材の組み合わせによってパースペクティブを表現することができますが，基本的な表現は平面上で行われます。このような平面上の表現では，数値上の余白の割合が，ほぼそのままに近い形で印象における余白の大きさとして認知されるのではないでしょうか。つまり，余白が10%の表現では余白の少なさを感じ，余白が90%の作品では表現の乏しさを感じると考えられます。これに対し，ブロックでは，三次元の表現であることが表現領域や余白の大きさの認知に影響を与えていると考えられます。たとえば，同じ50%の表現領域でも，コラージュに比べ，ブロックの方が表現領域が広く余白が狭いように感じる可能性があります。表現の内容にもよりますが，ブロックの場合は積み上げるという要素が加わるため，立体的な表現とのバランスを保つために一定の余白が必要なのかもしれません。この点は，実際の臨床場面における印象評定などにも関わってくる大切な要素であると考えられるため，今後の検討課題としたいと思います。

　次に，性別による形式的特徴の差異について見てみると，男性の方が高さが高い傾向が認められました。第2章で触れたように，ブロック表現が気分変化に与える影響に関しては，男女によって違いが見られました。具体的には，「活気」に関して，男性の方が有意に上昇しやすい傾向が認められました。女性では，表現を通して気持ちが整理され落ち着く傾向があると推測されますが，男性では心理的な退行や遊び心の活性化などのプロセスを経て，豊かな表現が展開されると考えられます。このような特徴が，高く積み上げるという行為など

Table 3-2. ブロック表現における形式的特徴

		基本ブロック	特殊ブロック	ミニフィグ	高さ	表現領域
男性	mean	41.0	20.3	4.4	8.3	26.4
	SD	33.6	11.8	3.3	2.3	8.8
女性	mean	51.0	22.7	3.9	7.0	27.6
	SD	24.2	13.8	2.7	1.6	9.2
有意差		n.s.	n.s.	n.s.	*	n.s.
経験あり	mean	54.0	22.2	4.0	7.6	29.2
	SD	27.1	14.4	2.6	2.0	8.2
経験無し	mean	26.6	20.6	4.3	7.1	20.8
	SD	20.1	7.5	3.8	1.8	8.9
有意差		*	n.s.	n.s.	n.s.	*
合計	mean	47.3	21.8	4.1	7.5	27.1
	SD	27.9	13.0	2.9	1.9	9.0

$*p<.05$

にも反映されるのではないでしょうか。

また，過去にブロックで遊んだことのある人たちの方が，使用する基本ブロックの数が多く，表現領域も広い傾向が認められました。過去にブロックで遊んだ経験のある人たちは，制作にあたり懐かしさなどの感情を抱きやすく，自然に制作に取り組むことができ，それが豊かな表現に結びついたのかもしれません。しかし，同時に，たとえ過去にブロックに触れた経験がない人にとっても，比較的自由に表現を楽しめることがブロック技法の特徴でもあります。特殊ブロックや，ミニフィグなど，あらかじめある程度のイメージが備わった素材を活用することにより，初めての人にとっても自由な表現が可能になると考えられます。

2.4. ブロック表現の内容的特徴

次に内容的特徴について見ていきたいと思います。まず，全体的な特徴について概観します。今回は，動物，植物，乗り物，建物の4つの観点から検討します。

動物と乗り物に関してはどちらも52％の人が表現しています。これらの結果から，全体的にはおよそ半数の人が動物や乗り物を表現していることがわか

Table 3-3. ブロック表現における内容的特徴

		動物 出現度数	%	植物 出現度数	%	乗り物 出現度数	%	建物 出現度数	%
男性	有	7	58	8	67	7	58	7	58
	無	5	42	4	33	5	42	5	42
女性	有	10	48	21	100	10	48	17	81
	無	11	52	0	0	11	52	4	19
有意差		n.s.		*		n.s.		n.s.	
経験あり	有	12	48	21	84	12	48	18	72
	無	13	52	4	16	13	52	7	28
経験なし	有	5	62	8	100	5	62	6	75
	無	3	38	0	0	3	38	2	25
有意差		n.s.		n.s.		n.s.		n.s.	
合計	有	17	52	29	88	17	52	24	73
	無	16	48	4	12	16	48	9	27

$^*p<.05$

ります。つまり，動物や乗り物に関しては，それを表現するか否かは人によって個性が表れやすい部分であると言えそうです。今村（2001a）は，コラージュにおける一般成人と統合失調症者の作品の比較の中で，食べ物や乗り物は健康な食欲や活動性を反映するものであると述べています。ブロック表現においても，同様に，乗り物はうごきのある存在であることから，その人の活動性の指標として理解することができるかもしれません。今回の作品群では，動物としては，犬や馬など，人間にとって身近なものが中心に見られました。動物は，時として自己像として現れることもあるでしょうし，そこに表現された動物どうしや，動物と人間の関わりなどから，その人の対人関係に関する認知などを理解する手がかりにもなると考えられます。また，どのような種類の動物を表現したのかによっても，その意味は大きく異なってくると考えられます。

　植物は全体の88%に見られ，建物は全体の73%に見られました。これらの結果から，一般成人のブロック表現において，植物や建物などの表現はポピュラーなものであると考えられます。植物で最も多かったのは，特殊ブロックを用いた樹木や花などの表現です。また，基本ブロックを用いて花壇などを制作する人もいました。基本ブロックのみを用いた表現では，無機質で固い印象を

受けることもありますが，植物の表現を取り入れることで柔らかさやうごきを出すことができます。また，生命やエネルギーを身近に感じることができる素材でもあるため，精神的に健康な一般成人の表現においてはよく見られるのかもしれません。植物に関しては，女性の表現において有意に多く見られる傾向がありました。この意味については，一義的に解釈することはできませんが，花などの植物がもつ華やかさや柔らかさが，女性的なイメージとして用いられているとも考えられます。コラージュなどの他の技法における先行研究においても同様の報告はありますが，今後の検討が必要であると考えられます。また，今回の作品群においては，家庭のイメージがたいへん多く見られました。家やそこで暮らす人々の姿が表現された作品が複数認められました。このような表現の中で，家などのイメージとして，建物は重要な意味をもっています。建物の種類にもよりますが，ブロックにおける家などの表現は，時として表現全体をホールドする土台のような役割を担うこともあり，たいへん重要なものであると考えられます。同じ「家」という表現でも，人によってその特徴が全く異なることも印象的です。たとえば，外枠のみを表現して屋根などのディテールはイメージで補うという人もいれば，配色などにもこだわって外壁や屋根を丁寧に作り込む人もいます。このような点からも，動物などと同様に，非常にその人らしさが現れやすいアイテムであると言えます。

3. 実際の表現例からの検討

　2つの作品は，どちらも20代の一般成人によるものです。作品A「日常」は女性，作品B「ギャング」は男性によって制作されました。2人とも，過去にブロックで遊んだ経験があります。

　形式的な特徴に目を向けると，どちらも，十分な量の基本ブロックを使用しています（作品A，63個；作品B，61個）。今回の平均値が47.3ですので，多くのブロックが使用されていると言えます。この点は，過去にブロックで遊んだ経験のある人の方がより多くの基本ブロックを用いるという統計的な検討の結果とも一致するものです。また，表現領域に目を向けてみると，どちらの作品も平均値よりも広い領域を活用しており，これも統計的な検討の結果と一致

36 第3章 形式と内容から見るブロック表現の特徴

作品 A

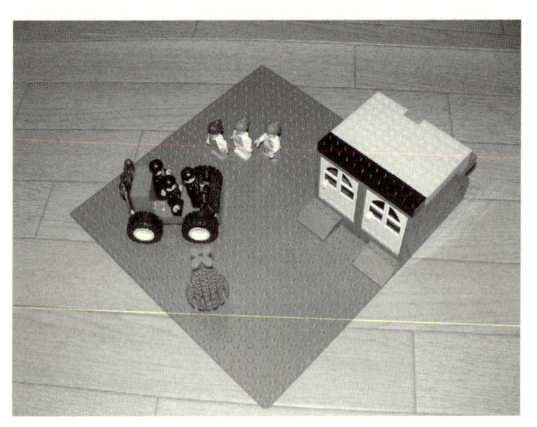

作品 B

するものになっています。過去の体験は，ブロックという素材に対する親和性にも影響を与えると考えられるため，表現と向き合う際には考慮すべき視点の1つであると思われます。この他にも，両者とも特殊ブロックを効果的に使って豊かな表現をしており，この2例に関しては，ブロックへの親和性がポジティブに反映されたものと考えられます。

　性別による表現特徴に関して，統計的な検討からは，女性では植物の表現がより多く見られる傾向が認められました。作品Aでも，庭に植えられた草花が

表現されています。単純に一般化することはできませんが，植物を用いたこのような表現は，表現全体に彩りや華やかさを与えたり，作品 A のように，植物を育てるというテーマから，自然との関わりや，養育・包容，和やかな雰囲気といったイメージを受けたりすることもあるのではないでしょうか。

いずれの作品も，人間，家，乗り物など，表現内容には共通するところが多いのですが，そのテーマ性は全く異なっている点も興味深いです。作品 A では，「日常」というタイトルのように，若い夫婦の静かで平和な日常が表現されています。妻が庭の草花の世話をしているところに，夫が車に乗って帰ってくるというシーンが描かれています。2 人の登場人物の間にも言葉を交わしているような様子が見え，全体的に柔らかな印象を与えています。対して，作品 B では，「ギャング」というテーマで，スリリングで緊張感のある世界が表現されています。仕事を終えたギャングたちが，秘密のアジトに戻ってきた場面です。同じ家でも，作品 A とは異なり，守られた堅牢な建物という印象を受けます。スリリングな中にも，登場人物の交流や色使いから，どこかユーモラスな部分もあり，作者の遊び心も反映されているようにも感じる作品です。

本章では，統計的な検討と実際の作品例という両方の視点から，ブロック作品の特徴について眺めてきました。この 2 つの視点は相補的なものであり，これから様々な場面で表現に向き合っていく際の基礎となると考えられます。

パーソナリティ特性と
ブロック表現の関連

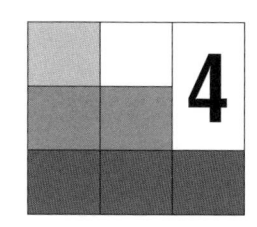

第3章では，日本の青年期の人たちを対象に，ブロック表現における基本的な特徴を検討してきました。本章では，そこからもう一歩踏み込んで，その人の性格特性がブロック表現にどのように反映されるかという点について考えていきたいと思います。

1. 芸術療法における表現特徴と心理的特性の関連

芸術療法の諸技法は，もともと，心理療法としての効果を担う媒体として開発されてきました。それが第一の目標であり，重要なことに変わりはありませんが，芸術療法の中で生じる表現は，アセスメントの手がかりとしてもたいへん有用です。クライエントが抱える心理的な問題や特性は，様々な形で作品に反映されます。このような観点から，いくつかの技法に関して基礎的研究も蓄積されています。

ここで少し，関連する技法として，コラージュ療法における基礎的研究をレビューしてみたいと思います。海外での動向として，Buck & Provancher (1972) は，コラージュ制作における切り抜きの選び方が，その人の自己イメージ，精神的エネルギー，自己コントロールなどの側面を反映していることを示しています。また，Lerner & Ross (1977) は，実験群と統制群の比較において，切り抜きの数や，人間・動物の表現の量に違いがあることを認めています。この研究は，作品を理解する際の形式的特徴と内容的特徴の双方の重要性を示唆するものであると考えられます。国内においても，コラージュを用いたアセスメントに関する多くの研究が行われています。精神疾患と表現特徴の研究としては，今村 (2001a) が統合失調症患者のコラージュ特性について検討しています。また，性格特性との比較としては，佐藤 (2002) によるYG性格

検査との関連を検討したものや，加藤（2004）によって Big Five との関連が検討されたものなどがあります。このように，コラージュ療法については，臨床場面における知見や統計的な研究の両面から，アセスメントの一助としての活用の可能性が探られてきました。

ブロック技法も，コラージュ療法と理論的に共通する部分も多く，その特徴から，制作者の心理的特性を反映する媒体として捉えることができると考えられます。第 2 章では，POMS を用い，ブロック制作が気分変容に与える効果について検討してきました。気分という心理的特性に注目した場合，制作前後の変化という要素はたいへん重要ですが，それだけでなく，その時々の気分が表現特徴に反映されることもあります。このような観点から，加藤（2006a）では，制作者の気分状態と表現特徴の関連も検討され，いくつかの有意な関連が認められました。この研究に見られるように，ブロック表現も，制作者の心理状態を理解するための指標の 1 つとして活用することが可能であると考えられます。

2. ブロック表現・コラージュ表現とパーソナリティの関連

■ 2.1. 調査の概要

10 名の大学生が調査に参加しました（男性 2 名，女性 8 名，参加者の年齢は 18〜19 歳）。調査はすべて，大学 1 年生を対象としたセミナーの中で実施されました。このセミナーでは，臨床心理学の基礎を体験的に学習することを目的としており，授業の中で，ブロック技法，コラージュ技法を体験しました。また，自己理解や他者理解を深める目的で，パーソナリティ検査として，TEG（東大式エゴグラム）が実施されました。

■ 2.2. パーソナリティ特性とブロック表現

ここでは，TEG（東大式エゴグラム）という心理検査を用いて制作者のパーソナリティ特性を検討します。エゴグラムは，Berne の交流分析の理論に基づいて開発された性格検査です。CP（Critical Parent），NP（Nurturing Parent），A（Adult），FC（Free Child），AC（Adopted Child）という 5 つの自我状態からその人のパーソナリティを理解します。CP は批判的な親の部分で，自分

自身を厳しく監督し，NP は対照的に養育的に見守ります。A は大人という名前のとおり，自分の内面と外界のバランスをとる役割を果たしています。FC は自由な子どもの部分で，自分の欲求のままに振舞い，AC は周りの環境に敏感でそれに適応しようとする特性を指しています。今回の調査では，このエゴグラムの各因子の高さと，ブロックの表現特徴の関連が検討されました。

具体的なプロセスとしては，まず，大学における心理学の少人数のセミナーの中で，ブロック技法を体験してもらいました。また，同じセミナーの別時間に，TEG への回答も求めました。10 名の結果を対象に，ブロックの形式的特徴と TEG のスコアの関連が検討されました。

分析の結果，使用した基本ブロックの量と CP や A の高さに有意な負の相関が認められました。また，特殊ブロックの量と FC の間に有意な正の相関が認められました。このことは，CP や A の高い人ほど使用する基本ブロックの量が少なく，FC の高い人は特殊ブロックを多く使用する傾向があることを示しています。

CP や A という要素は，精神分析の理論に当てはめると，超自我や自我の部分に共通するところが大きいと考えられます。超自我は，過去の対人関係の中で形づくられた自分を厳しく見守る部分で，道徳心などと深く関連しています。自我は，超自我とイド（欲求にしたがって自らを動かす部分）のバランスを保ったり，自己の内面と外的世界の調和を保ったりする働きを担っています。このような観点から，CP や A の高い人は，自分の衝動や欲求などを適切にコントロールし，外界に合わせた形で表出することができると考えられます。こういった特徴をもつ人たちのブロック表現において，使用するブロックが少なかったことには，イメージを表出する際に内的なコントロールを経て，どのように見られるかを意識しながらアウトプットの形を調整していく心の働きが関連しているのではないでしょうか。

対照的に，FC は先述のイドの要素と深く関連し，これが高い人は，自分自身の欲求やイメージにしたがって素直に動くことができると考えられます。ブロックを用いて表現をする際に，基本ブロックのみを使用してイメージを表出するのには，一定の技術が必要です。そのため，場合によっては表現が制限されることもあります。しかし，特殊ブロックを効果的に用いることにより，表

Table 4-1. ブロック表現特徴と TEG の関連

	CP	NP	A	FC	AC
基本部ブロック	−.67*	.11	−.62†	.44	.18
特殊ブロック	.27	.34	.42	.65*	−.23
ミニフィグ	.17	−.03	.52	−.03	−.34
高さ	.09	−.04	−.24	.12	.27
表現領域	−.37	.5	−.14	.52	.06

*$p<.05$, †$p<.10$

現の幅が広がり,より豊かな表現をすることが可能になります。同時に,FC の高い人は,好奇心や,創造性の高さも兼ね備えていると考えることもできます。このような特徴から,特殊ブロックがもっている個性に自分自身のイメージを積極的に投影させて,より豊かでダイナミックな表現をしているのではないでしょうか。

■ 2.3. パーソナリティ特性とコラージュ表現

これまでにも述べてきたように,ブロック技法は,コラージュ療法の理論的基盤をもとに発展してきました。そのため,その表現特徴においても,共通する要素があると考えられます。ここでは,同一の被験者を対象に,コラージュ制作を行ってもらい,その表現特徴とエゴグラムの特徴を比較検討します。手続きとしては,同じセミナーの中で,コラージュ制作が実施されました。素材は,参加者が各自持ち寄ったもの(ファッション雑誌や広告など)を使用し,それに加えて,旅行のパンフレットなども用意されました。

ブロック表現と同様に,CP と A は,表現特徴との間に有意な関連が認めら

Table 4-2. コラージュ表現特徴と TEG の関連

	CP	NP	A	FC	AC
切片数	.11	.03	.16	−.05	.38
人間	.56†	.09	.57†	.18	−.15
動物	−.52	.07	.29	.16	−.29
植物	−.55†	−.02	−.4	−.21	.51
食べ物	.41	.07	.28	−.03	−.17
乗り物	−.31	−.28	−.08	−.12	.47
表現領域	−.25	.54	.17	.72*	−.29

*$p<.05$, †$p<.10$

れました。CPやAが高いほど，人間の切り抜きを多く使用している傾向が見られました。コラージュ表現における人間の切り抜きの意味はたいへん多義的なため，慎重に解釈をする必要がありますが，まず，どのような人間が多く表現されているかに注目していきたいと思います。今回は，大学生を対象としており，その素材もファッション雑誌などが中心でした。そのため，作品に登場する人間は，その多くが制作者と同年代の青年や大人のイメージです。CPやAの要素は，個人のパーソナリティの中で，親や大人の役割を担っていることから，コラージュの中に表現された同年代や年上の人間像は，制作者の理想自己や現在の自己像などを反映している可能性もあります。投影法検査であるHTPテストにおいても，人物像の解釈仮説の1つとして，現実自己や理想自己の投影としての理解が挙げられます。CPやAの要素は，自己の内面のバランスをとったり，外界との関係を適切にコントロールしたりする働きを担っていることから，社会生活における現実的な検討に寄与しています。そのため，これらの要素が強い人は，食べ物や動物などの他の抽象的な表現よりも，現実的かつ直接的な形で「人間」という表現を用いやすいのではないでしょうか。

　また，コラージュにおける表現領域の広さと，FCの高さに有意な関連が認められました。FCの高さは，その人の精神的なエネルギーやバイタリティの高さとも関連しています。このような特徴の高い人たちは，自分自身の内的な豊かなイメージをコラージュに投影する傾向があり，より広い領域にわたって積極的に表現活動を展開していくのかもしれません。加藤（2004）では，高校生のコラージュ表現と性格特性の関連を，Big Fiveモデルを用いて検討しました。Big Fiveモデルとは，外向性・開放性・誠実性・調和性・情緒不安定性の5つの要素から私たちの性格傾向を理解しようというモデルです。この結果，コラージュにおける使用された切片の数と開放性の間に有意な正の関連が見られました。開放性の高い人は，より多くの切り抜きを使って豊かな表現をしています。開放性とは，その人の心的エネルギーの高さや，外界と積極的に関わろうとする傾向などを表していることから，FCと共通する点も多いと考えられます。そのため，FCの高い人たちは，外部の体験に対しても開かれており，コラージュ制作という体験においても，自身の内面や感情を積極的に表現しやすい傾向があるのではないでしょうか。

3. 自己理解・他者理解の媒体として

　今回の調査では，エゴグラムの5つの要素の中でも，CP，A，FCと表現特徴の間に関連が見られました。これら3つの要素は，精神分析の理論における，超自我・自我・イドと直接的に関連するものです。このような意味から，これらは，個人の中の様々な精神活動のバランスを司り，その人の性格の形成のコアになる部分を担っていると言えます。それに対し，NPやACは，他者との関係性に関わるところが大きいことが特徴です。本調査では，セミナーの中で制作が行われてはいますが，制作自体は個々の取り組みによるものです。そのため，制作プロセスにおいて，参加者たちは自分自身の表現に集中し，他者や周りの環境よりは自分の内的な世界に関心が向きやすかったと考えられます。そのため，他者との関係性や社会的な側面との関連が強いNPやACなどの要素との関係は出にくかったと考えることもできます。今回の調査では有意な関連が見られませんでしたが，これらの要素は，私たちが他者とどのように関わるかを考える上で非常に大切です。そのため，これからの研究で，グループ制作における効果などを検討していく中で，その人の個性が協同制作にどのように反映されるかなどを検討していく必要があると考えられます。

　本調査を通して得られた結果は，実際の心理療法の場面において，クライエントの表現と向き合う際にも活用が可能であると考えられます。ブロック表現に限らず，あらゆる芸術療法の技法は，それを表現した人の内面を反映したものになります。同時に，いずれの表現特徴も一義的な解釈が可能なものではないため，その理解には慎重に表現と向き合う姿勢も不可欠です。しかし，表現と向き合う上で，その基盤となる解釈仮説や視点をもつことは非常に重要であると考えられます。本章で述べてきた視点は，数ある性格理論の中の1つに基づくものですが，今後，ブロック表現を心理療法の中で応用していく中で，作品を理解するためのきっかけとして活用していきたいと思います。

　最後に，自己理解・他者理解という観点から今回の結果を振り返りたいと思います。今回は，臨床心理学のセミナーの中でブロック技法を体験してもらいました。コラージュ技法や，TEGへの回答を体験することを通して，それぞれ

の比較から，自分自身の個性への気づきが促進されたと考えられます。また，同じ素材を使っていても，表現の内容はまさに十人十色であり，他者の表現を見ることで様々な気づきが促進される効果もあると考えられます。このように，教育現場において，自己理解や他者理解を促すための媒体としてブロック技法を活用することは可能です。筆者も，大学の授業の中でブロック制作を行うことがありますが，学生の感想を聞いていると，自分の表現に自分らしさを感じたり，逆に意外な側面に気づいたりすることも多いようです。また，制作後に他の人の作品を見ることで，自分の表現の特徴について改めて気づくこともあります。このような，表現を通した自分への気づきは，教育場面のみでなく，心理療法の現場においてもたいへん重要です。セラピストが見守る中で，クライエントは媒体を用いて自分自身の内的世界を表現していきます。そのプロセスを通して，クライエントの内面では様々な気づきや洞察が促進されます。セラピストがこの過程を見守る際には，多面的な視点のもとに表現プロセス全体に向き合う必要があります。その人の内部に起こっているあらゆる力動をイメージすることが大切だと考えられますが，本研究のような基礎的研究を蓄積することは，その際の視点を獲得するための一歩になるのではないでしょうか。

事例の中にみるブロック表現

これまで,基礎研究を通じてブロック技法の効果や表現との向き合い方について述べてきました。これらの研究は,実際のカウンセリング場面において,クライエントが内面を表現して治療的な効果を得ることを目指して行われてきました。この章では,実際のカウンセリングにおいてブロック技法を導入する際に,どのような効果が得られるのか,また,セラピストはどのようなことに気を付けなければいけないのかを,実践に則して考えていきたいと思います。

1. 事例1　プレイセラピーにおける活用

■ 1.1. 事例の概要

いちこは,小学4年生の女子です。父親,母親,妹と4人で暮らしています。友達も多く,これまで学校生活などで特に心配なことはありませんでした。生育歴からは,発達面で気になるエピソードもなく,母親も,手がかからずいい子だったと話しています。いちこが小学校2年生のときに妹が生まれました。そのころに,一時的に赤ちゃん返りなどがみられましたが,両親は,「お姉ちゃんなんだからちゃんとしないとね」と諭しながら接していました。しばらくは落ち着いていたのですが,4年生になってから,母親のアクセサリーを無断で持ち出したり,特に母親に対して嘘をついたりしてしまうことが目立つようになりました。学校でも,4年生になってから友達に対して厳しい言葉をかけたり嘘を話したりしてしまうことがあり,担任の先生に注意を受けることも多く,クラスにもうまく馴染めていません。朝になるとお腹が痛いと話し,学校に行きたくないと言うことも何度かありました。最近では,父親も仕事が忙しいため帰りが遅いことも多く,両親は自分たちの関わりに原因があるのではと心配し,母親と本人の2人で来談しました。

遊びを通して，いちこの内面を表出し，抱えている心理的問題にアプローチする目的でプレイセラピーを導入しました。はじめは，緊張が高くセラピストに対しても消極的な関わりをしていましたが，徐々に，オセロなどのゲームを媒体に関わりがもてるようになります。馴れてくると，自分が負けそうになると途中でゲームを辞めたり，ルールを変更したりするなどの行動が見られるようになりました。人形などを用いて，ままごとで家族のテーマが繰り返し展開された後，ブロックにも関心をもつようになりました。

■ 1.2. ブロック表現の特徴とカウンセリングの経過

いちこは，黙々とブロックを用いて表現をしていき，セラピストはその様子を見守ります。最初に，基本ブロックを使って周囲に外壁を作りました。その中に，「ケーキ屋さん」と言って，建物とその内部を表現します。小さな建物の中に箱があります。いちこは，「宝箱」と言って，箱の中に，小さな半透明やカラフルなブロックをいくつか丁寧に入れました。ケーキ屋さんが完成すると，「夜になって泥棒が来た」と話し，泥棒役のミニフィグが外壁をよじ登って，中に侵入してきます。泥棒は宝物を手にすると，再び外壁をよじ登って外に逃げていきます。

制作中，二重に枠を作る様子を見ながら，セラピストはいちこが自分の内面を守る姿を感じました。同時に，基礎板の存在がありながらも，さらに枠をつけないと安心できない心理を意識しました。泥棒という存在や夜中に盗むという行為は，秘密の作業であると同時に，日常の中で友人とうまく関われなかったり嘘をついたりしてしまうことに対する罪悪感や葛藤，許しなど，様々な感情を表しているように受け止められました。

制作が終わると，いちこは泥棒と宝物を手にしながら，自分の表現をしばらく見つめ，セラピストもそれに寄り添います。終了時間になりますが，宝物を手にしたまま，「これ，持って帰ってもいい？」とセラピストに尋ねます。セラピストは，自分の表現の中でも特に「宝物」を外に持ち出したいという彼女の気持ちを考えながら，「大切にとっておくから，また今度来たときに一緒に遊ぼうね」と伝えます。

その後，いちことの関わりは，キャッチボールなど，彼女自身が主体的に関

作品 C

わる遊びへと移っていきました。遊びを通じて，感情を言葉で表現することも徐々に増えていきました。

1.3. 本事例から考えるブロック表現の意味

本事例では，プレイセラピーがある程度進展した状況の中で，クライエントの側から自然にブロック表現が行われています。実際の事例においては，いつどのように導入するかという点が重要なポイントの1つになると考えられます。他の技法と同様に，クライエントの特性や状況に合わせて，セラピストは導入の可能性を慎重に見守る必要があるのではないでしょうか。木村（1985）は，箱庭療法の導入に関して，「箱庭制作は治療の流れの中でクライエントの自由な表現意欲に応じて行われるものであり，制作は強制されるべきものではない」と述べています。ブロック技法においても，導入にあたっては同じことが当てはまると考えられます。表現に際しては，表現するための土壌や，クライエントとセラピストの間に流れる雰囲気が重要であり，セラピストは，これらに敏感であることが求められます。いちこは，はじめは，オセロなどを通じて，セラピストとの距離感を確かめているようにも受け取ることができます。それに続くままごとのプロセスには，彼女自身の家族に対する様々な感情が投影されていると考えられます。同時に，人形を用いたままごとでは，家族のイメージや役割が直接的に反映されやすい点もあることから，葛藤や複合的な感情を

表現するという行為に対して，はじめは戸惑いを感じるところもあったかもしれません。時間をかけて，これらのプロセスと向き合う中で，徐々に彼女の無意識的な葛藤に焦点を向けるための準備が整っていくようにも感じられます。

　ブロックという素材は，個々の素材はあいまいな刺激として存在しています。しかし，それらを組み合わせて表現することで，徐々にイメージが具現化していきます。今回の表現では，まず，基礎板の上に，ブロックを用いてさらに二重の枠組みが作られていました。このような表現には，実際の臨床場面でしばしば出会うことがあります。

　ケーキ屋さんという，いちこが憧れる場所と，その中で展開する，泥棒が夜中に宝物を盗み出すというストーリーには，彼女の複雑な心理が投影されていると考えられます。セラピストは，はじめ，泥棒という異質な存在に侵入される感覚を意識しますが，次第に彼女の態度から，泥棒はネガティブなイメージとしてだけ存在しているのではないと感じるようになります。泥棒が宝を盗み出す姿はとても慎重で，宝を丁寧に取り出す様子に，いちこ自身の姿が重ねられているようにも見えました。また，その様子を見守りながら，セラピストは，彼女と大切な秘密を共有しているような感覚や，現在の症状を抱えながら生活してきたことの必然性などを感じました。表現の中には，彼女が内面に持っている罪悪感やそれに対する許容，寂しさや自分の内面に向き合う覚悟など，言葉にはならないが確かにそこに存在するイメージが表出されているように思われます。さらには，キーアイテムである宝物を外の世界に持ち出したいという気持ちからも，プレイセラピーと，いちこの現実世界とのつながりが見えてくるようです。

　このような表現のプロセスの中で，セラピストがどのような態度で見守るかはたいへん重要な要素であると考えられます。箱庭療法の治療過程において，カルフは，クライエントとセラピストの関係を母子一体性（Mutter-Kind-Einheit）という言葉で説明していますが，この点は，どの芸術療法においても当てはまるものであると思われます。セラピストとの関係によって構築される守りや安定性の中で，クライエントは自由な表現が可能になるのではないでしょうか。この点に関して，木村（1985）は，「治療者としては聞いてみて知りたいことは多いが，知ることよりも表現されていく過程をともに体験し，できた

作品をともに味わい，鑑賞するような姿勢でかかわることが治療的には望ましい」と述べています。ブロック技法においても，セラピストは，自分の存在がもつ意味や影響について十分に考えた上で，クライエントの表現に寄り添い，見守ることが大切な役割となります。

　本事例では，妹の誕生による家族力動の変化をきっかけに，母親との関係を再度つくっていくことが１つの課題であったと考えられます。赤ちゃん返りや，母親の大切なものを持ち出す行動，嘘をつくことなどを通し，日常生活の中でも様々な形で葛藤を表出していました。彼女にとって，母親と一緒に相談室に通うというプロセスには大きな意味があったのではないでしょうか。セラピストとの関係性の中に，母親を中心とした他者との関係を投影しながら，ブロック表現の中にも，言葉にならない彼女のイメージの世界が展開されていたと考えられます。

2. 事例2　予防開発的な活用

2.1. 事例の概要

　かけるは，中学３年生の男子です。成績はあまり良い方ではありませんが，素直な性格から，クラスの内外に友達は多くいます。野球部に所属しており，レギュラーとして活躍してきましたが，夏の大会を最後に部活動を引退しました。かけるの中学校では，週に一度，カウンセラーが来校しており，昼休みや放課後には，生徒が自由に相談室を訪れることができる自由来室活動を行っています。２学期がはじまったころから，放課後に相談室を訪れるようになります。はじめは，友達と数人で来て，雑談をして帰っていくという関わりが続きますが，次第に一人でも来室するようになりました。雑談が中心ですが，部活動や進路の話など，今，彼の気になっていることが話題の中に現れているように感じられました。ある時，相談室に置いてあったブロックのセットに興味を示し，「やってみてもいいよ」と声をかけると，照れながらも制作に取り組みました。以降，相談室を訪れては，ブロックをつくったり話をしたりして過ごすようになりました。

2.2. ブロック表現の変化とセラピストとの関わり

作品 D. ピットイン

「懐かしい」「久しぶり」「小さい頃によくやった」と話しながら，ブロック表現に没頭し，セラピストはその様子を見守ります。最初に，タイヤの形のブロックに興味を持ち，それをもとにレーシングカーをつくります。レーシングカーが完成すると，運転手を乗せてしばらく満足そうに眺めたり，基礎板の上を走らせたりしていました。「もう少し何かつくろうかな」と話しながら，予備のタイヤを探したり，ガソリンスタンドをつくったりします。一体のミニフィグを運転手に見立て，車に給油をする様子を表現しました。

作品 D

作品 E. トレーニング

基礎板をトレーニングルームに見立てて，トレーニングの様子を表現します。基本ブロックや特殊ブロックを使いながら，トレーニングのための器具をいくつか作っていきます。ミニフィグを器具に配置しながら，様々なトレーニングに取り組みます。ランニングマシーン，身長計，休憩スペースなどをつくり，筋力トレーニングに励んだり，ランニングをしたりする姿が現されました。制作をしながら，部活動を通して大変だった体験や楽しかった思い出などが話されます。また，受験について，そろそろ勉強しないといけないという話もされました。

作品 E

作品 F．教室

　今度は，基礎板を教室に見立てて表現をしていきます。板状のブロックを使って黒板をつくります。生徒たちの座席やテレビ，掃除道具入れなど，実際の教室にあるものをイメージしながら形にしていきました。担任教師や，授業を受けている生徒たちの様子などが再現されます。最後に，教室のいちばん後ろの席に，いつも使うミニフィグが置かれます。かけるは，そのミニフィグを少しずつ動かしながら，納得ができるまで確かめるようにポーズをつけていきます。その生徒が，かける自身を表現しているように感じながら，セラピストは

作品 F

その様子を見守りました。

■ 2.3. 本事例から考えるブロック表現の意味

　本事例の特色は，相談室という居場所を活用した予防開発的な効果にあると考えられます。スクールカウンセリングや教育相談などの現場においては，生徒たちは様々なニーズから相談室を訪れます。特定の悩みや相談があり，その解決のために来室することもあれば，かけるのように，居場所として相談室を活用する生徒もいます。半田（2000）は，学校心理臨床の1つの形として，「自由来室活動」を提唱しており，これは，「休み時間などに生徒に自由に来室してもらい，自由に相談室で過ごしてもらう」活動として定義されています。また，波多野（2005）は，スクールモラールと自由来室活動の関連を検討した結果，自由来室活動における相談以外の話など，日常的な関わりが重要な意味をもつことを指摘しています。このような観点からも，ブロックという素材は，生徒たちが相談室やカウンセラーと気軽につながるための媒体としても機能すると考えられます。かけるは，ブロック制作をしながら，自身に関する色々な話をしています。言語的に十分発達し，精神的な健康度が高いクライエントとの関わりの中では，このような姿がしばしば見られます。直接的に言葉で伝えることには抵抗があっても，ブロックを媒体として活用することにより，表現をしながら自然にコミュニケーションが展開していくこともあります。このように，クライエントとセラピストがラポールを形成するためのきっかけや，言語的な表出をサポートする媒体としても，ブロックの活用の可能性はあると考えられます。

　かけるのブロック表現の意味を考えていく上で，系列的な理解という視点がたいへん重要になります。

　最初の作品は，「ピットイン」というタイトルがつけられています。相談室に立ち寄っては，いろいろな話をして学校生活に戻っていくかけるの姿と，この作品のテーマには共通する部分が大きいと感じられます。ピットインという言葉からは，F1のレースなどで，多くのスタッフが車体のメンテナンスをするシーンが想像されます。しかし，彼の作品に表現されているのは，一台の車とそのドライバーです。これまでは，友達と一緒に来室して雑談などをして過

ごすことが多かったかけるですが，この時期は一人で訪れることが主でした。仲間の中にいる姿と，一人で自分自身の内面に向き合おうとする姿の対比がたいへん印象的です。車は，時間をかけて丁寧につくられ，完成後も満足そうに出来映えを確認していました。この車とドライバーは，かける自身の自己像の表れのようにも感じられます。ブロックという素材は，それに触れて表現を深めていく中で，心理的退行を促進する効果ももっています。彼の，「小さい頃によくやった」という言葉に表れているように，制作を通して自然な形で過去を振り返りながら，自分自身と向き合うきっかけをもち始めたと考えられます。また，この作品の主題である，「給油」というテーマは，箱庭療法などの表現においても重要な意味をもつものです。セラピストは，このテーマを見守りながら，彼が自分自身のエネルギーの補充をしているように感じます。普段は，友人の中にいて明るく振る舞う姿が目立っていますが，一人になったときの彼の中には，日常の中で感じていた彼なりの不安や疲労があったものと推測されます。自己像のイメージにエネルギーを補給する表現と，学校生活の中で一人で相談室を訪れる姿が重なります。

　次の作品は，トレーニングというテーマです。彼自身の語りにもあるように，部活動のイメージと重なるところも多い作品です。かけるにとって，部活動で過ごす時間は，学校生活の中でもとても大きな意味合いをもつ大切な時間でした。目標をもって打ち込んできて，彼自身のアイデンティティとも深く結びついていました。そのため，3年生になって部活動を引退し，それまで生活の中心だったものが急に終わりを迎えたことによる喪失感を抱えていたように感じられました。この作品には，彼にとって大切な時間であった部活動の思い出を振り返ると同時に，それがもう終わってしまったという現実と向き合う意味ももっていたと考えられます。トレーニングを積む登場人物の姿からは，現実を受け止めるために懸命に自己と向き合おうとする気持ちが伝わってきます。また，1つ目の作品と違い，今回は複数の人物が登場しますが，その一人一人がそれぞれのトレーニングに励んでいます。この様子からも，それぞれの進路に向けて歩んでいく，この時期のかけるの周りの状況と重なる部分も大きかったと考えられます。

　最後の作品は，教室の様子が表現されています。いつも使う人形を一番後ろ

の席に座らせ、位置などを丁寧に調整しており、この人形がかけるの自己像のように感じられました。これまでの作品の中で、いちばん学校のテーマが強く表れている作品です。教室の後ろから、全体の様子を少し離れた位置から見つめる主人公がいる、そのような印象を受ける表現でした。この時期には、卒業も間近に迫っており、自分自身のことや周りのことを客観的に見つめることができるようになってきていました。それは、離人感のような感覚ではなく、時として適切な距離を測りながら、現実をきちんと受け止めることができていることを意味します。このような彼の成長が、作品にも反映されたのではないでしょうか。鶴田（2001）は、学生相談を通して、学生の心理的課題や成長を、入学期・中間期・卒業期の3つに分類しています。その中で、卒業期の課題の1つとして、現実生活の課題を通して自己の内面を整理することを挙げています。これは、大学生を想定したモデルですが、他の学校段階にも適用することができると考えられます。本事例では、卒業期の課題と向き合うことが主なテーマであったと考えられます。表立った問題がなくても、誰もが、卒業期には、これまでの生活と別れることに対する不安を抱え、それを整理して新しいステージに向かっていくというプロセスがあると考えられます。かけるの作品は、シリーズを通して、自分と向き合い、中学校生活を自分なりに振り返って現実との折り合いをつけていくという内的作業の展開を表したものだったのかもしれません。

3. 事例の中の表現に向き合うということ

　前章までは、主に基礎研究におけるデータを中心に述べてきましたが、本章では実際の事例をもとに表現とどう向き合うかを考えてきました。これまでの章で触れてきたように、表現を理解しようとする上で、形式的特徴や内容的特徴などの観点はたいへん重要な情報を与えてくれます。たとえば、今回の2事例においても、いちこの作品は、ほとんどが基本ブロックを中心に構成されています。はじめてこの作品に向き合うときには、堅さや寂しい感じなどの印象を受けるかと思います。直方体の無機質なブロックの組み合わせは、見る者に時としてこのような印象を与えます。しかし同時に、クライエントにとっては、

この堅さは，内面を保護するための堅い守りとしても機能します。彼女の表現では，内面の様々な葛藤が投影されていると考えられます。プレイルームの枠組み，セラピストの見守り，基礎板の枠，そして自分でつくった外壁による守り，という幾重もの枠組みに保障されてはじめて表出が可能になったのではないでしょうか。このように，実際の事例の中での表現は，極めて多義的な意味合いを含んでいます。セラピストは，基礎研究などによって得られた知見を参考にしながらも，その場の雰囲気や，セラピーの流れや背景にも十分配慮し，柔軟な視点をもって表現に向き合うことが求められるのではないでしょうか。

これに対して，かけるの表現では，しばしば特殊ブロックや複数のミニフィグも活用されています。第3章や第4章でも示したように，これらを効果的に用いることは，作品にダイナミックな動きを与えます。本事例は，重篤な心理的問題に対する援助ではなく，誰もが経験する発達課題に対する予防開発的な援助過程に関するものです。かけるは，卒業期の心理的課題を抱えながらも，特殊ブロックやミニフィグなのどのユニークな形状の素材を用いながら，その内面を自然に表出していきました。このような表現に寄り添う際には，セラピスト自身も豊かにイメージを膨らませながら付き合っていくことが大切であると考えられます。

＊本章では，2つの事例におけるブロック表現を紹介しました。事例の詳細や作品の内容は，実際の事例を参考に，クライエントのプライバシーに配慮し，筆者によって構築されたものです。

高校生を対象とした
協同ブロック制作の試み
― 個別描画場面との比較を
　通した制作体験の検討 ―

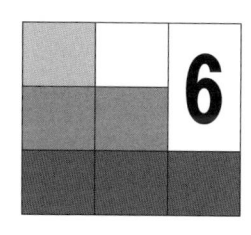

これまで、個別のカウンセリング場面を想定して、ブロック技法を通した治療効果やアセスメントとしての活用について考えてきました。本章では、グループにおけるブロック技法の活用の可能性について考えていきたいと思います。

1. グループにおける活用の可能性

芸術療法は、元来、様々な表現を通して、治療的効果を得ることや、臨床心理学的アセスメントの手段として活用することを目的として開発されてきました。芸術療法の技法は、その特徴から、個別面接場面における利用のみでなく、グループセラピーや、他者との関係性を学ぶ機会としてのエンカウンターグループなどの中でも活用されています。

たとえば、コラージュ技法は、元々は個別臨床場面における活用を目指し、森谷（1988）によって開発されたものですが、その表現の多様性から、グループの中での使用もされています。鈴木（1999）は、集団によるコラージュ制作を、「サラダボール・コラージュ」と名付け、異文化間カウンセリングの中で活用しています。また、青木（2001）は、グループにおけるコラージュ制作の効果を、POMSを用いて検討していますが、その結果、コラージュ制作が気分変容に対してポジティブな影響を与えることや、制作後のシェアリングが、グループの中での自身の位置、他者の理解に役立つことを示しています。

ブロック技法は、理論的枠組みにおいて、コラージュ技法と共通する部分も多く、その効果にも共通するところが大きいと考えられます。そのため、教育現場などにおける、グループでの制作という活用のしかたも可能なのではないでしょうか。また、ブロックは元来、遊びのツールとして親しまれており、取り組みやすい素材であることから、教育現場において、生徒どうしの関係性を

促進させる技法の1つとしても活用が可能であると考えられます。そこで，本章では，高校生を対象とし，グループにおける協同ブロック制作を試み，その体験を検討します。

また，協同制作による体験や，関係性に与える影響を検討する上で，比較対象を設定することは，その独自性や共通性を考える上で重要であると考えられます。そこで，協同ブロック制作に先立って，個別描画体験を実施し，その体験との比較を通して，他者と協力して表現をすることによって得られる体験を検討します。

芸術療法の分野において，古くから活用されてきた技法として，個人絵画療法があります。自由画，課題画，それぞれ多くの技法が開発され，様々な領域で活用されてきました。この中に，ワルテッグ描画法があります。これは，一定の刺激図形をもとに，自由な描画を加えることで表現をする技法であり，主に，パーソナリティなどを理解することを目的として利用されています。用紙には8つの太い枠で区切られた領域があり，その中に，点や直線，円弧など，様々な形の刺激図形が描かれています。これらの刺激図形に対し，どのように反応し，何を表現するかを通して，制作者の特徴を考えていきます。ワルテッグ描画法は，自由画と課題画の両方の性質を兼ね備えており，刺激画を手がかりに自由な表現ができることが特徴です。そのため，全く何もない状態から表現をするよりも取り組みやすく，ブロック制作の前のウォーミングアップとして，また，自分自身と向き合う機会として活用することができると考えられます。ここでは，ブロック協同制作の前に，ワルテッグ描画法を参考に，刺激画を用いて自由な描画をする体験を実施し，両者における体験を比較検討します。

2. グループワークの実際

2.1. 対象と場面設定

このワークは，大学が主催する，高校生を対象としたサマースクールにおける1つの講座の中で実施されました。この講座は，講義や体験学習を通して，臨床心理学や臨床心理実践について学び，他者との関係性について考える機会をもつことを目的としたものです。高校2年生19名（女子18名，男子1名）

が，2つのグループに分かれて，本講座に参加しました。

2.2. 手続き

本講座では，はじめに，担当教員による臨床心理学に関する講義が行われ，それに引き続き，大学院生による臨床心理実践や研究の紹介，質疑応答が実施されました。その後，個別描画体験と，協同ブロック制作が実施されました。

個別描画体験では，投影描画法の1つである，ワルテッグ描画法を参考に，あらかじめ用紙に印刷された半円の弧を使って，自由に絵の続きを描くことが求められました。

協同ブロック制作では，1日目，2日目ともに，参加した生徒が，ランダムにA，B，Cの3つのグループに分かれます。各グループの人数は3～4人としました。レゴブロックを用いて，グループごとに協同して1つの作品を制作します。

素材としては，直方体の基本的なブロックや，窓枠やタイヤなど特殊な形状をしたブロック，レゴの既製の人形などが用意されました。これらの素材が，1つの大きな箱の中に用意され，生徒たちはこの中から好きなものを選んで制作に取り組みます。また，制作の際は，25 cm×25 cmの緑色の基礎板を正方形に4枚配置し，その板の上で自由な表現活動が行われました。

制作後に，ブロック制作の感想と，個別描画体験と協同ブロック制作における体験の比較に関して，それぞれ自由記述形式で尋ねました。

3. 参加者の感想から見る制作体験

3.1. 制作の感想

協同制作の感想は，大きく分けて，「他者との関係性に関する感想」と，「内的な体験に関する感想」の2つに分類されました。約半数の生徒が，他者との関係性に着目し，残りの半数が，内的体験について言及しています。

他者との関係性に関しては，「新鮮さ」「楽しさ」「他者への関心」「両価的な感想」の4つのカテゴリが含まれます。「新鮮さ」や「楽しさ」については，他者と協力して制作することによる，新たな気づきや，共に作業をすることの楽

Table 6-1. 制作の感想の分類

他者との関係性に関する感想	新鮮さ	最初は，こんなことやるの？と思ったけど，やりはじめたら，面白くてもっとやりたかった。初めて会った子といろいろ相談しながらやるのは新鮮で楽しい。 童心にかえった気がしてとても楽しかった。仲間と意見を出し合い1つのものを作るのは新鮮。何も知らなかった子の内面が少しわかったと思う。
	楽しさ	すごい楽しかった。一緒に作業することでみんなが仲良くなれたような気がした。時間を気にしないで楽しいことに集中したのは久しぶりだったのでよかった。 すごく楽しかった。最初は分担していたけど，後半はみんなで1つのものを作った。1人がアイデアを出して，他の人がどんどんつけたしていくように…。その時が一番楽しかった。
	他者への関心	小さい頃よく遊んだのを思い出した。懐かしい。こんなに多い人数でやることはなかったので，みんなは何を作っているのかなと思い，他のグループのも見ていた。 楽しかった。考えることがそれぞれみんな違ってて，おもしろいなあと思った。けっこう脳を使った気がする。それぞれの個性が板の上で共存している感じ。こんな場所がホントにあったらな…。 他の人の作ったものに自分の工夫も加えたりできて，いろんな創造ができて楽しかった。自分以外の人の考えも分かったので面白かった。
	両価的な感想	かなり怖い部分もあるけど，みんなで人をいっぱいににぎやかにできてよかった。 みんなで意見が言い合えてよかった。
内的な体験に関する感想	心理的退行・子ども時代への回帰	何でもかんでもくっつけたって感じだったけど，ちょっと懐かしかった。 保育園のころよく取り合っていたのを思い出した。なんとなく新鮮な気分。 子どものころにかえった気分で楽しかった。好きに作っていいのがうれしいけど，行動に迷いが出た。なぜ今はこういう遊びをしないのかと不思議に思った。 すごく懐かしかった。自由に作っていいと言われると何を作ろうか考えて，わくわくして楽しかった。
	洞察・自分への気づき	作り始めた時は，ただ単に懐かしいとか改めて面白いとしか思わなかったが，やっていくうちに，昔は思いつかなかったことを思いついたり，考えようともしなかったことを今はやっていたのでビックリした。 童心にかえれた感じがして楽しかった。自分って思っていたよりも創造性（想像性）があるなあ，と自分を見つめ直した。
	カタルシス	何を作るかいろいろ考えたのですっきりした。素直に楽しかった。
	制作の難しさ・引き込まれる感覚	作品として上手ではないし，まとまりもないけど，自由につけていけて楽にできた。 レゴをやるのは初めてで，最初はとまどったけど，やってるうちに何だか引き込まれていく感じがした。全く何も無い状態から何かを作るって結構難しいんだなあと思った。 何を作るか迷った。スペースが上手く使えなかったのが残念。作り始めてからはちゃんとできて楽しかった。

しさを反映していると考えられます。「他者への関心」については，制作を進める過程で，自分とは異なった考え方や，それぞれの個性を知る機会が得られ，それが関心の高まりに結びついたのではないでしょうか。「両価的な感想」には，作品もしくは制作自体に対する怖さと，他者と意見を出し合うことに対するポジティブな感情の両面が表されています。今回の調査では，重篤なネガティブな感想は見受けられませんでしたが，その場で初めて出会った生徒どうしがグループに分かれて制作をするという設定であったことから，対人的な緊張を感じやすい人にとっては，負担が大きかったかもしれません。実際に，教育現場などにおいて導入する際にも，このような経験をする生徒がいるかもしれないという可能性を考慮した上で，必要があればフォローをするなどの配慮が求められると考えられます。

　内的な体験に関する感想としては，「心理的退行・子ども時代への回帰」「洞察・自分への気づき」「カタルシス」「制作の難しさ・引き込まれる感覚」の4つのカテゴリが含まれました。

　「心理的退行・子ども時代への回帰」「洞察・自分への気づき」「カタルシス」というカテゴリは，先行研究によって得られた，個別制作場面における，芸術療法の治療効果に関する知見と共通するものです。加藤ら（2009）は，芸術療法における体験過程に関する尺度を用いて，コラージュ技法や，風景構成法との比較から，個別ブロック制作における体験を検討しました。その結果，ブロック技法によって得られる体験として，「子ども時代への回帰」「自己表出・カタルシス」「内面の意識化」などが示されています。「心理的退行・子ども時代への回帰」に関して，ブロックという素材は，それ自体が遊びの要素を多く含むものであり，また，他者と一緒に何かを作り上げるという体験が，心理的退行を促進させると考えられます。「洞察・自分への気づき」については，他者と一緒に制作をすることにより，自分と他者の違いや共通性に気づき，それが自分自身について考える機会につながったのではないでしょうか。また，自己表出やカタルシスの側面に関しては，制作者が安心して自由な表現ができることが重要であり，その意味から，「枠」の存在が大切な役割を果たしていると考えられます。今回は，教室やグループという枠組みの中で，担当教員らが見守る中で制作が実施されました。また，各グループによる自由な表現は，基礎

板という保障された枠組みによって守られています。このような「枠」の存在は，生徒たちが安心して自由な表現活動を行い，カタルシスの効果を得る上で重要であると考えられます。

「制作の難しさ・引き込まれる感覚」というカテゴリもまた，ブロック制作によって生じる内的な体験を検討する上で重要な要素を含んでいると考えられます。イメージを形にし，表現するというプロセスの中には，様々な試行錯誤や，困難さなどが含まれていると考えられます。さらに，制作の中で生じるこのような難しさによって，表現ができた時の達成感や，引き込まれる感覚が喚起されているのではないでしょうか。

3.2. 個別描画体験と協同ブロック制作の比較

個別描画体験と協同ブロック制作の比較に関しては，大きく分けて，「関係性のポジティブな側面」「関係性に対する両価的な感想」「関係性の難しさ」の3つに分類されました。すべての感想が，他者との関係性について言及されていたことが特徴的です。これは，個別描画体験と協同ブロック制作の両方を体験し，比較することにより，他者との関係性がより強く意識されたためであると考えられます。

関係性のポジティブな側面としては，「活性化・幅の広がり」「受け入れられる安心感」「互いの個性への気づき」「夢中になる感覚・負担の軽減」「責任の分散」が含まれました。

集団ブロック制作において，他者と協同して1つの表現をするというプロセスの中では，自分のイメージや考え方，感性などについて，他者との比較が自然に行われていると考えられます。他者の視点を獲得することは，より自分自身を強く意識し，自分の新たな一面を発見することにもつながるのではないでしょうか。このような体験が，「互いの個性への気づき」や，「活性化・幅の広がり」として現れていると考えられます。本調査では，高校生を対象としました。自分自身のアイデンティティについて考え，対人関係における互いの距離感などがある程度確立された高校生という時期だからこそ，互いの個性の違いをポジティブに認め合うことができたのかもしれません。この点に関しては，年齢や性別などによる影響を受ける可能性もあるため，今後の検討課題の1つ

3. 参加者の感想から見る制作体験

Table 6-2. 個別描画体験と協同ブロック制作の比較

関係性のポジティブな側面	活性化・幅の広がり	1人で描いたときは自由な表現ができた。大勢でやると自分の思うことをそのまま表現するのは難しいが、いろんな想像ができて楽しかった。作りながら、意見を取り入れ発展させていくのも面白いと思った。 いろいろ考えたり、刺激され合ったりしながらできた気がする。 みんなでやると自分以外の意見が出て幅が広がる。 他の意見や考えを取り入れた方が、いろんな方向にふくらみがあって、工夫の幅が増えたと思う。
	受け入れられる安心感	みんなで表現した方が楽しさ倍増。自分の考えに共感してくれる人がいて安心するし、自分では思いつかないようなアイデアを受けて新鮮な感じがした。 自分では浮かばないアイデアを教えてもらった。自分のアイデアを受け入れてもらえたときにうれしかった。
	互いの個性への気づき	意見を出し合うからいろいろなアイデアが出てきて面白かったし、手分けして作ることができたから、それぞれの個性が出た気がした。 グループで表現すると、一人一人違ったイメージを持って作るから、個性がつまった面白い作品になったと思う。
	夢中になる感覚・負担の軽減	一人のときは、「どう描こう」と考えながらやったけど、みんなで表現するときは、勝手にどんどん手が動いてすごく夢中になった。 みんなで作ると楽しくなる。話をしながらできるし、こんなんでいいのかなあと思っても言えるから笑ってできる。一人だと悩んでいても、答えが出ないから手が止まってしまう。 グループでやった方がアイデアがふくらむ。また、他の誰かのものを見て、自分に活かすことができる。一人でやった方が負担が大きい。
	責任感の分散	一人だと自分の思うままにやらないといけないけど、グループだと何か適当な感じになって、責任感がなくなった。
関係性に対する両価的な感想	他者と協力することの良さと難しさ	他人とアイデアを共有することで、良くも悪くもなる可能性があるが、それが許せるならば、心の中が広くなると思う。自分の意見や隠れた意志が反映され、それが認められ、許される気がする。 みんなで冗談を言ったり、思いつかなかった新しい考えが出てくるとすごいし、ちょっと仲が深まった気がする。自分の思い通りにいかないときもある。 他の人の意見を尊重しながら作ったから、最初に自分がイメージしたものではないものを作ることになったが、他の人の発想に感心したし、面白かった。
関係性の難しさ	他者と協力する難しさ	一人のときは自分が考えたことを作るだけだが、みんなで表現するときは、いかに上手く一人一人の考えをまとめて、みんなが納得するものを作らなければならないと思う。 一人だと自分の頭の中でイメージするだけでよかったけど、ブロック制作はそれを口に出して伝えなければいけなかった。 協調性が大事。どちらかというと一人の方が楽なので、グループのときも黙々とやっていた気がする。 相手の作っているものを見ながら作るわけだから、多少なりとも気を遣う。

としたいと思います。

　「負担の軽減」,「責任の分散」という体験は，他者と一緒に制作することにより，個人の責任や負担が軽減したことによって得られたと考えられます。本調査では，個別描画体験との比較を行いました。ブロック制作に比べ，描画法では，より表現の自由度が高く，絵を描くということに不慣れな人や苦手意識をもつ人にとっては，負担を感じることもあったかもしれません。ブロック表現では，他者と協同で制作することに加え，素材の組み合わせによって表現をすることから，絵を描くことが得意でない人にとっても，負担や責任を感じることなく取り組むことができたのではないでしょうか。過度の負担が生じにくいという点は，実際の教育現場などにおいて協同ブロック制作を導入する上でポジティブな側面であると考えられますが，これらの要素が関係性に与える影響に関しては，慎重に今後も検討を重ねていきたいと思います。

　また，「受け入れられる安心感」というカテゴリは，協同ブロック制作の効果を考える上で重要な側面の1つであると考えられます。加藤（2006b）は，高校生を対象に，学級におけるコラージュ制作を試みました。その結果，コラージュ制作を媒介して生徒どうしおよび生徒と教師のコミュニケーションが生まれる可能性が示唆されると同時に，生徒の表現を受け止める教師の存在や，教師と生徒，また生徒どうしの人間関係が重要であることが示されています。今回は，参加した生徒どうしは，本講座において初めて出会う人も多かったのですが，担当教員らに見守られる環境で，保障された枠組みの中での表現活動が実施されました。また，ブロック表現に先立って，個別描画体験をしたり，自己紹介を行ったりしたことが，互いの緊張を和らげることにつながったのかもしれません。

　「関係性に対する両価的な感想」「関係性の難しさ」としては，「他者と協力することの良さと難しさ」と「他者と協力する難しさ」が含まれました。「他者と協力することの良さと難しさ」というカテゴリに含まれる感想では，自分のイメージ通りにはいかないこともあるが，他者の存在によって，気づきがあったり，互いの仲が深まったりするという体験について言及されています。このように，他者と協力して何かを表現する場面では，自分の思い通りにならなかったり，相手と意見が対立したりすることもあるでしょう。そうしたときに，互

いにコミュニケーションを交わすことは，相手をよりよく知るきっかけとなり，また，互いの関係が深まることに通じるのではないでしょうか。協同してブロック表現をしていく上では，コミュニケーションが重要であり，このことは，個々のソーシャルスキルを促進させる効果もあると考えられます。「他者と協力する難しさ」には，イメージを言葉にして相手に伝えることの難しさや，相手に気を遣った体験などが含まれました。これらの感想は重篤なものではありませんが，実際の教育現場などで導入する際には，このように，他者と協同で作業することによって困難さを感じる生徒が存在する可能性もあることに留意する必要があると考えられます。ブロック制作の場合，素材自体がコミュニケーションの媒体となるため，直接相手と意見を交わすような場面に比べて負担は少ないと考えられます。そのため，制作の流れの中で自然に生徒どうしのコミュニケーションが促進されることが期待されます。しかし，極度に対人的な緊張が高い場合などには，環境の調整など，見守る側の配慮が必要であると考えられます。

　生徒のコミュニケーションの媒体や関係作りの手段として，ブロック技法を活用できると考えられますが，実際の教育現場などにおいて活用するためには，生徒たちが安心して制作に取り組める環境を整えることや，生徒たちの関係性に配慮することなどが重要であると考えられます。

協同ブロック制作の効果の検討
―ソーシャルスキル・信頼感・居場所感からの検討―

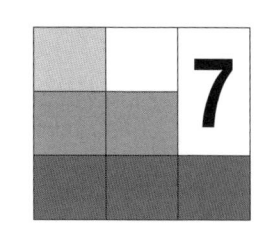

1. 協同ブロック制作の効果

　第6章では，個別描画場面との比較を通して，協同ブロック制作体験について検討してきました。本章では，様々な観点から，統計的技法を応用しながら協同ブロック制作の効果について考えていきたいと思います。

　協同ブロック制作の効果を検討した研究としては，LeGoff（2004）などの研究があります。LeGoffらは，LEGO® Therapyというグループセラピーを展開しています。これは，自閉症スペクトラム障害など，他者とのコミュニケーションに難しさを抱える子どもたちを対象に，ブロックを媒体とした協同作業を行い，相互のコミュニケーションを促進していくことを目的としたプログラムです。参加者は，グループ内で，"engineer""supplier""builder"などの役割をもちながら，協力してブロック制作に取り組んでいきます。"engineer"は全体の設計をし，"supplier"は必要なブロックを探し出し，"builder"は組み立てをしていくというように，参加者が様々な役割をもっています。役割分担と協同制作を通して，言語的交流，非言語的交流に加え，問題解決プロセスや創造性を共有することにより，自然な形で相互の交流が促進されることが認められています。LeGoffの取り組みをベースに，Owensら（2008）は，SULP（Social Use of Language Programme）というソーシャルスキルトレーニングプログラムとの比較を通して，LEGO® Therapyの効果を検討しています。このように，主に，発達障害児のソーシャルスキル支援の分野において，欧米を中心に協同ブロック制作は活用されています。

　本書におけるブロック技法は，海外における活用とはいくつかの点において異なる背景をもっています。これまで述べてきたように，箱庭療法やコラージ

ュ療法の理論をもとに，保障された枠組みの中で自由な表現を行うことが主な特徴となっています。ここでは，「枠」や表現を見守るセラピストの存在が重要になります。協同制作としてブロック技法を応用する場合においても，この点は共通するものであると考えられます。筆者らが用いている方法では，4枚の基礎板を組み合わせ，50 cm 四方の大きな基礎板を枠組みとして用いて，3〜5人程度の小グループで協同制作を実施します。この際に，協同制作全体を見守るファシリテーターの存在もたいへん重要であると考えられます。守られた環境の中で，ブロックという媒体を用いて表現することにより，参加者どうしの交流が促進されることが期待されます。本章では，ソーシャルスキル・信頼感・居場所感の観点から，協同ブロック制作の効果について考えていきたいと思います。

2. ソーシャルスキルと信頼感からの検討

2.1. ソーシャルスキルと信頼感について

　私たちの対人関係を考える上で，どのように他者との関係を築いていくかという点はたいへん重要です。その中で特に大切な要素がソーシャルスキルです。これは，円滑な対人関係を構築し，保っていくために必要なスキルですが，コミュニケーションの形態が多様化する現代社会では，このスキルの獲得や効果的な活用にあたって難しさを感じることも多いと考えられます。菊池（1988）は，ソーシャルスキルを測定するための尺度を作成し，その後も様々な観点からの検討が行われています。この尺度では，たとえば，「仕事をするときに，何をどうやったらよいか決められますか」のように，他者と一緒に課題を遂行する際に求められる能力や，「自分の感情や気持ちを，素直に表現できますか」といった，コミュニケーションの基本的要素に関する項目などが含まれています。どちらも，他者と関わる上で欠かすことのできないものです。協同ブロック制作では，表現の内容はそれぞれのグループに任されています。そのため，何を表現するのか，誰がどのような役割を担うのか，といったことがらについて，グループ内でコンセンサスを得ることが必要です。たとえば，仕事の場面で企画を立てたり課題を遂行したりするためには，会議などを開き，メンバー

どうしが意見を出し合った上で共通認識を導き出すことになるでしょう。これには，かなりのソーシャルスキルが必要です。しかし，ブロックという非言語の媒体が存在することにより，同様のプロセスが，より自然に展開することが期待されます。教育現場で，児童・生徒のソーシャルスキルを支える取り組みとして，エンカウンターグループなどの試みが導入されているように，それぞれの発達段階に応じて，自然にソーシャルスキルを育むような媒体が求められるのではないでしょうか。協同ブロック制作も，その中の1つとして様々な領域において活用されることが期待されます。

さらに，自己との向き合い方や，他者との関わりを考える上で，信頼感という心理的特性もまた重要な観点です。心理学の分野では，自己信頼感，他者信頼感の両面から，多くの研究が積み重ねられてきました。本書の前半で述べてきたように，ブロック技法においても，個別臨床場面で活用した場合，自己表現のプロセスは自分自身と向き合い洞察を深めていくことにつながります。そのため，ブロック表現を通して，自己に対する気づきや信頼感が促進されることにも結びつくと考えられます。一方，協同制作においては，そこに他者の存在が加わるため，個別制作場面とは異なった心理的効果が得られるのではないでしょうか。他者と共に表現をすることによって，相互理解が促進されたり，他者との比較を通して自分自身への気づきが得られたりする効果もあると期待されます。同時に，他者の存在によって生じる内的な葛藤を経験することもあるかもしれません。このような視点から，今後の臨床場面，教育現場などでの活用にあたり，基礎研究を行い，協同制作によって生じる体験について理解を深めていくことは重要であると考えられます。

2.2. 調査の概要

39名の高校生を対象としました。大学のサマースクールの中で，臨床心理学のワークショップとして協同ブロック制作が実施されました。参加者は，ランダムに3～4名の小グループに分類され，担当教員や大学院生がファシリテーターとして活動を見守りました。制作に十分な量の基本ブロック，特殊ブロック，ミニフィグが用意され，いくつかの箱に収めて教室の中に配置しました。各グループに25 cm四方の緑色の基礎板を4枚ずつ配布し，これらを正方形に

つなげて表現の枠組みとしました。参加者らは，教室内のブロックを自由に用いて，グループで協力しながら様々な表現をしました。

制作の前後に，菊池（1988）によるKiSS-18および，天貝（1995）による信頼感尺度への回答が求められました。

■ 2.3. 制作前後におけるソーシャルスキルと信頼感の変化

KiSS-18は，ソーシャルスキルを総合的に測定するための尺度です。制作前後におけるKiSS-18の得点を比較した結果，制作前に比べて，制作後に有意に得点が上昇することが認められました。また，信頼感尺度は，「自分への信頼」「他人への信頼」「不信」の3因子から信頼感を測定するものです。本調査では，「自分への信頼」と「他人への信頼」の2因子を用いました。その結果，制作後において，「他人への信頼」の得点が有意に上昇することが認められました。「自分への信頼」に関しては有意な変化は認められませんでした。

参加者たちは，このサマースクールではじめて顔を合わせる人たちがほとんどでしたが，ブロックを媒介することによってスムーズにコミュニケーションをとることができたのではないでしょうか。ソーシャルスキルは，他者と良好な関係を構築する上で不可欠なものです。新規場面において他者と円滑に交流することは，場合によっては難しさが伴うこともありますが，協同ブロック制作体験がソーシャルスキルの発揮にポジティブな影響を与えたのではないかと考えられます。他者との会話に入っていき，自分の感情を表出することは，ソーシャルスキルの中でも重要な側面の1つであると同時に，初対面の人との間ではしばしばためらいも伴うものです。おそらく，今回の参加者の中にも，ブロック制作を体験する前には，不安や緊張を感じていた人もいたのではないか

Table 7-1. 協同ブロック制作前後におけるソーシャルスキル・信頼感の変化

	制作前		制作後	
	mean	SD	*mean*	SD
ソーシャルスキル	59.9	9.7	65.2	11.3**
他者への信頼感	34.3	7.1	35.3	7.6*
自分への信頼感	24.1	5.4	24.6	5.6

$**p<.01, *p<.05$

と思われます。自分がもっているソーシャルスキルを適切に活かすためには，そのグループやメンバーに慣れることも重要であると考えられます。これまでにも述べてきたように，ブロックを媒介して自分の表現と向き合うプロセスには緊張や不安などのネガティブな感情を低減させる要素もあることから，リラックスした心理状態でグループのメンバーに慣れることができ，それがソーシャルスキルの活用につながったのではないかと考えられます。

　信頼感に関しては，他人への信頼に関して有意に上昇する傾向が認められました。協同制作のプロセスを通じて，参加者の中には，他の参加者に対する関心やお互いのことをより知りたいという気持ちの芽生えがあったものと推測されます。協同制作の中で生じる，言語的・非言語的コミュニケーションを重ねることで，他者に対する積極的な関心が促進され，このことが，他者への信頼感を増進することに結びついたのではないでしょうか。対照的に，自分自身に対する信頼感については有意な変化は見られませんでした。自己への信頼は，他者への信頼と比較して，よりパーソナルな心理的特性であると考えられます。その人の中でこれまでに蓄積されてきた体験や価値観，重要な他者との関係性を内在化することによって得られた安心感などが総合的に作用して，自分に対する信頼感は形成されると考えられます。そのため，特定の活動を体験することによる短期的な変化が得られるような特性ではないと考えることもできます。芸術療法やカウンセリングの理論においても，自己理解や洞察を深めていくためには，安定的かつ継続的な治療プロセスが重要となります。本調査においては，実験的な状況設定の中で1回のみの協同制作の効果が検討されましたが，継続的な活動の効果を慎重に検討していくことは，これからの研究における重要な課題であると考えられます。また，今回の参加者は，一般の高校生であり，重篤な自己信頼感の欠如を抱える人は少なかったものと推測されます。実際の臨床場面においては，信頼感の欠如による危機的問題を抱えるクライエントもいると考えられます。そのようなクライエントに対しては，複数の他者との関係性の構築を目指すよりも，まずは，セラピストとともにゆっくりと自己と向き合う作業を大切にしていくことが課題となるでしょう。

　このように，グループアプローチの導入に際しては，参加者の特性や心理的な健康度に十分に配慮した上で，安全な状況設定に基づくことがまず重要であ

ると考えられます。本調査で得られた知見は，一般の高校生を対象とした基礎的データという位置づけですが，この結果をふまえて，様々な場面における活用の可能性を今後検討していくことが大切であると思われます。

3. 居場所感からの検討

3.1. 居場所感について

　居場所ということばは，元来，文字通り，「自分のいるところ」という意味で用いられてきました。心理学の分野では，自分らしくいられる場所という意味合いで使われることがあります。特に，スクールカウンセリングや学生相談の領域において，この居場所というキーワードはたいへん注目されています。筆者自身，学生支援の取り組みに関わってきましたが，多くの大学において居場所をコンセプトにした活動が展開されています。従来の専門家による個別相談に加えて，学生どうしがゆるやかにつながるピアサポートの活動や，相談室内のスペースを活用したサロン的な取り組みなどが行われています。特に大学という環境においては，学生の多様化も進んでおり，国籍，文化，キャリアなどにおいて様々なバックグラウンドをもつ人たちが共に学ぶようになってきました。また，大学生の時期には，高校までとは全く異なる履修システムに戸惑ったり，新しい環境で一人暮らしを始めたりする人も多くいます。このような中で，安心して自分らしさを表現できる仲間や空間を見つけ出すことは，充実した学生生活を送る上で大切な要素になっています。

　先述のソーシャルスキルや信頼感の観点からの検討では，特に他者との関係性においてソーシャルスキルや信頼感が促進されることが示されました。居場所感という概念は，集団の中における個人の役割や，受け入れられる感覚，安心感などが含まれることから，ソーシャルスキルや他者信頼感と共通する部分もあると考えられます。そのため，協同ブロック制作が，個々の居場所感にポジティブな影響を与えることも期待されます。そこで，ここでは，協同制作前後における参加者の居場所感の変化について検討したいと思います。

3.2. 調査の概要

この調査では，20名の女子大学生が参加しました。臨床心理学の講座の中で，協同ブロック制作を体験しました。協同制作の詳細は，上述の調査と同様で，3〜4名ずつの小グループに分かれて実施されました。

制作の前後において，浅井（2013）による，女子大学生における基本的居場所感尺度への回答が求められました。これは，則定（2008）の心理的居場所感尺度をもとに開発された質問紙尺度です。則定（2008）の尺度の特徴は，父親や母親などの特定の重要な他者を想定し，居場所感を多面的に測定することにあり，下位尺度として，「本来感」「役割感」「被受容感」「安心感」が含まれます。これに対し，浅井（2013）の尺度では，これらの下位因子の合計として女子大学生の基本的な居場所感を測定できることが特徴です。

3.3. 制作前後における居場所感の変化

心理学の研究の中では，居場所感を，ありのままの自分が受け入れられる感覚として捉えています。則定（2008）は，この居場所感を，「ありのままの自分を受け入れられている」といった「被受容感」の他に，「自分らしくいられる」といった「本来感」，「役に立っている」といった「役割感」，「落ち着く」といった「安心感」の4つの概念から成ることを示しています。このような観点を参考に，協同ブロック制作が居場所感の変化に与える影響について考えていきたいと思います。この居場所感は，青年期における友人関係の構築のしかたとも深く関連するものであると考えられます。石本ら（2009）は，青年期女子の友人関係に関して，互いを尊重するような友人関係が，学校適応や心理的適応にポジティブな影響を与えていることを示しています。このように，思春期・青年期においては特に，他者との関係を築いたり，良好な仲間関係を保ったりすることは心理的な発達の側面からも重要な課題であると考えられます。

制作前後における居場所感の変化を検討した結果，制作後において居場所感が増進する傾向が認められました。このことから，協同ブロック制作が居場所感に与えるポジティブな影響を窺い知ることができます。しかし，先述のソーシャルスキルなどと比べて，増進の度合いは強くはありません。そこで，居場所感の中でも，特にどの要素への影響が大きいのかを調べることで，より詳細

に効果を検討してみることにします。居場所感は,「本来感」「役割感」「被受容感」「安心感」の4つの要素から成り立っています。協同ブロック制作によって,これらのうちどれが影響を受けやすいかを検討した結果,特に役割感において大きな増進が認められました。参加者どうしはお互いをよく知らない状態でしたが,協同制作を通じて,会話や非言語的コミュニケーションが自然に促進されたと考えられます。このようなプロセスの中で,お互いを知ることによって緊張や不安が緩和されたのではないでしょうか。また,たとえば,制作場面の中では,誰かがアイデアを提案して,それに他のメンバーが賛同するというようなやりとりが見られます。さらに,他者と共に何かをする際には,個人の役割が重要になります。協同ブロック制作においては,自然に個々の役割が分化し,また適度な責任感が得られると考えられます。このような体験が,参加者の役割感にポジティブな影響を与えているのではないでしょうか。落合・佐藤(1996)は,青年期の友人関係の構築のしかたを,性別の観点から検討しています。ここでは,女性においては特に,相手に対して自己開示をすることや,互いのことをよく知ろうとする姿勢が重視されていることが示されています。これらの要素は,本調査における参加者どうしのコミュニケーションの中でも重要であったと考えられます。ブロック制作を介して,自己開示や他者を理解しようとする姿勢が促進された結果,個々の参加者の居場所感が増加することにつながったのではないでしょうか。

居場所感は,元来,個人のパーソナリティなどとの関連も強く,短期的に変化するものではないと考えることもできます。実際に,「本来感」「被受容感」「安心感」という側面は,他者と継続的関わり,信頼関係が構築されることに

Table 7-2. 協同ブロック制作前後における居場所感の変化

	制作前		制作後	
	mean	*SD*	*mean*	*SD*
基本的居場所感	4.04	0.69	4.15	0.73[†]
本来感	4.29	0.83	4.23	0.91
役割感	3.49	0.90	3.87	0.86[**]
被受容感	4.04	0.89	4.11	0.91
安心感	4.60	0.48	4.55	0.45

$**p<.01, ^{†}p<.10$

よって築かれていくものであると考えられます。しかし，今回の調査から，役割感のように，グループワークを通して居場所感を増進するきっかけになる要素があることも明らかになり，他者と協力して表現活動に取り組むことにより，主観的な居場所感が増進する可能性も示されました。特に，教育場面における臨床心理学的援助の領域において，児童・生徒の適応や居場所感は重要なトピックです。近年，これは大学における学生相談や学生支援においても大切なキーワードになっています。そのため，これらの領域におけるグループアプローチにおいて，協同ブロック制作は1つの有効な媒体として機能する可能性をもっていると言えるでしょう。

今回の結果は，今後の活用のための重要な可能性を含むものですが，人数や性別などの点で，限られた状況に基づく結果であるため，その解釈には慎重な姿勢も必要です。参加者の年齢，性別，心理的特性など，より多面的な観点から効果の検証を行っていくことが重要であると考えられます。また，今回の参加者の特徴として，もともと一定の居場所感を有している人が多かったという特徴が挙げられます。この点は，上述の信頼感を用いた検討の結果と共通するものです。一般の大学生を対象としているため，メンバーはお互いにはよく知

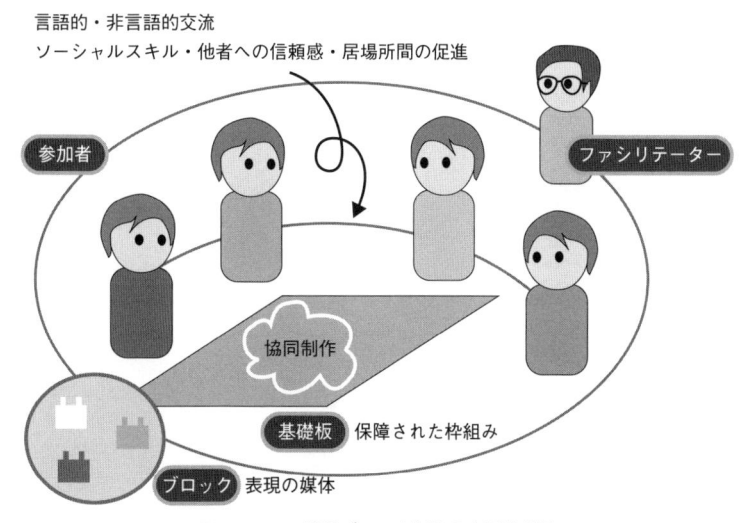

Figure 7-1. 協同ブロック制作の心理的効果

らない人どうしであったとしても，一定の社会性を有していることや，大学という場に対する適応がすでにできていることなどから，ある程度安定した居場所感がもともと形成されていたと考えられます。これに対し，不適応傾向にある生徒や学生を対象としたグループで導入する場合には，基盤となる居場所感が脆弱である可能性もあるため，グループを見守るファシリテーターが安全性をきちんと確保するなどの配慮がより求められると考えられます。この結果をもとに，今後も調査を継続し，協同ブロック制作が居場所感に与える影響についてより詳細な検討を行っていきたいと思います。

4. 協同ブロック制作とコミュニケーション

　本章では，ソーシャルスキル，信頼感，居場所感という観点から，協同ブロック制作が私たちの心理に与える影響について検討してきました。その結果，中でも，ソーシャルスキルや他者に対する信頼感，居場所感が増進される傾向が示されました。これらはすべて，他者との関係性に関わる要素であることが特徴です。

　今回の調査では，その対象は高校生や大学生でしたが，このような思春期，青年期という発達段階において，友人など他者との対人関係のもち方にはたいへん大きな意味合いがあります。この時期に形成される対人関係は，その後の人生にも影響を与えることもあるでしょうし，もし関係性の構築で躓きを体験することがあれば，それは本人にとっては大きなストレッサーになるとも考えられます。スクールカウンセリングや学生相談の現場においても，クラス，研究室，ゼミなどの身近な集団へ思うように適応できないことに対する悩みを語る人はたいへん多く，このことが心理的な問題のきっかけになることもあります。

　社会心理学の領域においても，たとえば，Turnerら（1987）の自己カテゴリー化理論のように，個人とそれをとりまく集団との関連は長く研究されているテーマです。ここでは，自分自身を何らかの集団や社会的カテゴリーの中に位置づけることにより，社会的なアイデンティティを獲得すると考えます。さらに，そのようなプロセスの中で，自分と他者を比較することにより，自分自身

のアイデンティティも明確になっていくと思われます。思春期，青年期の時期は，特に，仲間内での関係性に敏感な時期であることからも，自分が所属する集団と自己との関係をどうとらえるかは，たいへん重要な課題であると推測されます。

　本調査では，ブロックという媒体を通して，他者との関係性が促進され，他者へのとらえ方がポジティブに変容するという傾向が見られました。しかし，これは，何もないところから協同制作によって短期的に形成されるものではなく，もともと個人が内面にもっているスキルや認知の枠組みが，協同制作という媒体のサポートを得て適切に表出されているようにも感じられます。他者とともに制作をする中で起こるプロセスはたいへんシンプルなものです。この中では，「自分の気持ちや意見を表現すること」「それが他者に受け入れられること」「自分と他者の違いに気づき，その上で共にあるためにはどうしたらよいかを考えること」などが展開しています。このような要素は，本来，普段のコミュニケーションの中で自然に生まれてくるものです。しかし，様々なコミュニケーションツールが発達した現代において，私たちは，こうした当たり前のことから遠ざかりつつあるのかもしれません。ブロックという素材と，それを媒介した交流は，構造がシンプルであるからこそ，他者との関係性やその認知がわかりやすい形で顕在化しやすいという特徴があるのではないでしょうか。技法の活用の可能性を探求することも重要ですが，それを通して，人と人のコミュニケーションのあり方や現代における意義を再度考えていくことも大切であると考えられます。

グループ場面における活用の実際

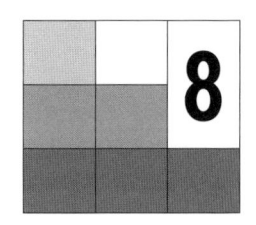

本章では，前章までに述べてきたグループにおける活用の可能性をふまえて，実際の応用の事例を紹介していきたいと思います。その中で，これからの課題や今後の発展について考えていきます。特に，「留学生支援」「発達障害児のグループセラピー」「教育場面におけるグループ活動」の３つの観点から利用の実際を見ていきたいと思います。

1. 留学生支援における活用

1.1. 留学生を対象とした相互交流におけるブロックの活用

ここでは，留学生支援の分野における協同ブロック制作の活用の可能性について考えてみたいと思います。筆者は，これまで学生相談や学生支援の領域に携わってきました。学生相談の領域では，時代の変化に合わせて，相談や支援のニーズも少しずつ変化しています。大学の多様化の中で，日本で学ぶ留学生の人数も増えてきています。

留学生にとって，異文化の中で生活をはじめる中で，様々な心理的な葛藤や適応上の難しさに直面することは少なくありません。筆者らは，留学生支援の取り組みの１つとして，多文化間コミュニケーショングループという活動を実践してきました。多文化間コミュニケーショングループとは，留学生や日本人学生を対象とした，参加者相互の交流を促進することを目的としたグループです。使用する言語や文化的なバックグラウンドが異なる参加者が集まる中で，表現活動などの媒体を活用することは，相互のコミュニケーションを促進する上で有効な手助けになることが期待されます。

芸術的な活動には，自己の内面や文化的な背景などが投影されやすいため，多文化間のコミュニケーションを促進する上で，有効な媒体として機能すると

考えられます。たとえば，鈴木（1999）は，異文化間カウンセリングの中で集団コラージュ制作を実施し，これを「サラダボール・コラージュ」と名づけています。サラダボール・コラージュの特徴として，メンバーがそれぞれ他者の特質を認めつつも，結果的に一つのサラダボールすなわち「世界」の構築を目指した努力が存在していることを挙げています。このように，コラージュ技法は，集団場面におけるコミュニケーションの促進のためのツールとしても活用することが可能であると考えられています。

これまでの章で述べてきたように，ブロックという素材も，多様なグループにおいてコミュニケーションの媒体として利用できる可能性があります。非言語的コミュニケーションの媒体としても機能することや，世界中で広く親しまれている素材であることから，多文化グループアプローチにおいても活用ができると考えられます。

■ 1.2. 協同ブロック制作を通した多文化間コミュニケーション

多文化間コミュニケーショングループでは，エンカウンターグループなどの技法を取り入れながら，参加者（留学生と日本人学生）の交流を深めることを目的としています。留学生相談や臨床心理学を専門とする教員や，大学院生がファシリテーターとなり，活動を運営していきます。大学の授業スケジュールに合わせて，週に1回90分のペースで活動を行ってきました。この中で，少人数のグループにおける協同ブロック制作を試みました。ここでは，2つのグループの事例について紹介します。いずれのグループも日本人学生とアジア地域からの留学生によって構成されたグループでした。

Ａグループによる表現

ここでは，家と，そこで暮らす人々の姿や，乗り物などが表現されました。はじめのうちは，それぞれに声を掛け合ったり，何を作ろうとしているのか尋ねたりしながら，家や乗り物など，一人一人が思い思いの表現を楽しむ姿が見られました。それらを基礎板の上に配置する段階になると，個々の作品どうしにつながりが生まれ，ストーリーができていきます。参加者どうしでコミュニケーションをしながら，家の周りに住人を配置したり，犬小屋を作ったりする

作品 G

様子が見られました。また，緑色の基礎板は，家の庭に見立てられ，そこに乗り物が配置されています。個々の素材は，参加者一人一人が制作したものですが，基礎板の上に配置することにより，1つのテーマに沿った大きな作品が完成しました。このように，最初から，テーマや課題が設定されていなくても，ブロックを用いることにより，初めは個々で表現をすることを楽しみ，徐々に全体で1つのものを作り上げるというプロセスが自然に展開していったと考えられます。

Bグループによる表現

　家や，相互に交流する人たちの姿が表現されています。また，大きな乗り物や，運河などが表現されていることも特徴です。Aグループと同様に，最初は，それぞれの領域で個々に作業を楽しむ姿が見られました。家や乗り物，人間などの表現がされていき，途中で，参加者の1人が，黒いブロックを利用して，基礎板の中心に運河を表現します。それをきっかけに，橋を作ろうというアイデアが出され，全体を街にしようという方向性ができあがってきました。個々の表現をもとに，そこから連想されたイメージを出し合うことにより，自然にコミュニケーションが促進されたと考えられます。他の回のディスカッションの際には，控え目に発言していた留学生参加者が，言語を使わずに交流できるブロック制作活動になると積極的に自分を表現するような場面も見られました。

作品 H

■ 1.3. 参加者の感想から

参加者の感想としては、「遊んでいるうちに、心が落ち着くようになった」「温かく迎え入れられてホッとした」というものがありました。第6章では、高校生を対象に協同ブロック制作を実施し、制作体験の感想を分類しました。この中では、安心感や心理的退行に関するカテゴリが見られました。今回のグループにおいても同様の体験がされたのではないでしょうか。ブロックを媒体としながら、他者と協同で1つの表現に取り組むという体験は、心理的な安心感につながり、また、緊張や不安の減少にも関連しているのではないでしょうか。

また、「気分がわいてくる感じがした」「あっという間にもう時間だ」という感想も見られました。これらは、ブロック制作に集中する感覚に関連していると考えられます。ブロックは、表現の自由度が高いことに加え、遊びとしての要素を含む素材です。こうした特徴が、コミュニケーションの促進のみでなく、個々の達成感などにも影響を与えていると考えられます。

■ 1.4. 本活動を通して見えてきた効果や課題

活動全体のうち、協同ブロック制作は中盤に実施されました。活動の前半では、自己紹介ワークなどを取り入れたアイスブレーキングなどによって、個々の体験や他の文化にじっくりと向き合う機会をもちつつ、参加者相互の関係を

深めていきました。参加者どうしの関係がある程度構築された中で，また互いの文化に対する関心が高まってきた状況で，1つのものを協同で表現するという体験を導入することは，参加者の高い動機づけにつながると考えられます。また，協同ブロック制作の前の回には，個別ブロック制作が実施されました。協同制作の作品には，制作者の個性が表れており，制作後のシェアリングの時間には，自分や他の参加者に対する新たな気づきなどが語られました。個別制作体験をした後で，協同制作を実施することにより，スムーズに導入することが可能になり，また，コミュニケーションや気づきが効果的に促進されたと考えられます。協同ブロック制作は，多文化間コミュニケーションの媒体として有効であると考えられますが，本活動のように，継続的なグループの中で利用する場合，どのタイミングで導入するかなど，参加者どうしのグループダイナミクスを充分に考慮した上で活用することが重要ではないでしょうか。

　さらに，表現される内容にも，グループの特徴が反映されると考えられます。今回の協同制作から，作品の内容には，そのグループの成員の個性や力動が大いに影響を与える可能性が示唆されました。作品特徴に着目した検討を行うことも，参加者の体験を理解する上で重要な手がかりとなることが予測されるため，今後の課題の1つとしたいと思います。

　ブロックという素材は，表現の自由度の高さから他の様々な領域においてもコミュニケーションのツールとして活用が可能であると考えられます。今回のグループの参加者は，国籍は様々ですが，全員が幼い頃にブロックで遊んだ経験をもっていました。このように，誰にとっても親しみやすく，ユニバーサルな素材であることも，ブロックがコミュニケーションの媒体となりうる理由の1つなのではないでしょうか。

2. 発達障害児のグループにおける活用

■ 2.1. 発達障害児のグループへの応用の可能性

　筆者はもともと，個別臨床場面におけるブロック表現の活用を目指し，様々な観点からの研究を実施してきました。これらの研究から明らかになってきたことは，今後の実践においてたいへん重要な視点になると考えられますので，

これからも大切にしていきたいと思います。一方で，これまでに述べてきたように，グループにおける活用の可能性の追求も重要なテーマです。こうした研究を積み重ねていく中で，仲間の研究者から，新しい活用の可能性のヒントを得る機会も多くあります。その1つが，発達障害児のグループにおける協同ブロック制作です。

　海外での取り組みとしては，LeGoff（2004）の自閉症児に対するソーシャルスキルトレーニングの試みなどがあります。LeGoffらの取り組みでは，ブロック制作を通したプログラムを通して，ソーシャルスキルの促進を目指しています。筆者らの手法は，芸術療法の理論をベースとしており，特にイメージの表出や枠組みの重要性を意識しているところから，海外の活用例とは理論的に異なるところもあります。しかし，留学生のグループからも見えてきたように，芸術療法の要素が大きいブロック技法においても，協同制作によってコミュニケーションやソーシャルスキルの促進が期待されます。また，枠組みやファシリテーターの存在によって，交流の促進のみでなく，他者への信頼感の増進など，様々な心理的効果が得られるのではないかと考えられます。

■ 2.2．実際のグループを通した効果の検討

　ここでは，まず，高機能自閉症や，アスペルガー障害をもつ中高生のグループにおける活用の事例について見ていきたいと思います。

　第6章では，個別場面におけるブロック技法の知見を応用し，高校生を対象とした協同ブロック制作を実践しました。その結果，参加者どうしのコミュニケーションの促進や，自分自身や他者に対する気づきや理解を深める機会として，協同ブロック制作が効果的に機能する可能性が示されました。協同ブロック制作は，高機能広汎性発達障害のある人たちにとっても，コミュニケーションの媒体や，他者との関わりをサポートするツールの1つとして活用することができると考えられます。他者と協同してブロック制作に取り組む体験により，参加者どうしのラポール形成が促進され，自分自身や他者に対する信頼感が変化することが期待されます。

　高機能自閉症やアスペルガー障害をもつ人たちのソーシャルスキルトレーニングの促進を目的としたグループにおいて，協同ブロック制作を導入しました。

「この板の上で，ブロックや人形を使って，みんなで好きなものを作ってみよう」という教示のもと，25 cm 四方のレゴの基礎版を 4 枚並べて配置し，その上でブロックを用いた自由な表現がされました。各グループに，臨床心理学を専攻する大学院生が 1 人ずつ，ファシリテーターとして参加しました。また，制作終了後，作品の紹介や感想などについて話し合うシェアリングの時間が設けられました。

今回の取り組みでは，協同制作の心理的効果を検討するため，参加者の，自分自身や他者に対する信頼感の変化を質問紙調査によって検討しました。その結果，協同ブロック制作体験は，参加者の自己信頼感を侵害するものではないという傾向が認められました。このことは，ブロック技法の枠組みがもつ安全性の高さに関連しているのではないでしょうか。ブロック技法は，箱庭療法やコラージュ技法などの理論的背景を基盤として開発された技法です。何もない状態から表現を生み出すのではなく，素材の組み合わせにより表現をするという点は，箱庭療法やコラージュ技法と共通する点です。また，箱庭やコラージュに共通するものとして「枠」の概念があります。枠が保障されていることによって，安心して自由な表現をすることができます。箱庭は木枠によって，コラージュは画用紙によってこれが保障されています。ブロック技法では，作品を配置する基礎板がこの役割を果たし，制作者は基礎板の上で自分自身の世界を展開することが可能になると考えられます。このような，ブロック技法がもつ安全性の高さや侵襲性の低さが，自分自身に対する信頼感を侵害しないことに関連しているのではないでしょうか。高機能広汎性発達障害のある人は，日々の生活の中で，他者とうまく関わることのできない経験などが積み重ねられることにより，自尊感情の低下や，自分自身に対する信頼感が侵害されることもあることが，これまで指摘されてきています。このような二次障害に対するケアに対しても，協同ブロック制作は有効であると考えられます。

さらに，協同ブロック制作が，他者に対する信頼感を促進している可能性も示唆されました。第 6 章の中でも，高校生のグループにおける協同ブロック制作の感想を分類した結果，"受け入れられる安心感" や "互いの個性への気づき" などの，他者に対する信頼感に関わるカテゴリが認められました。グループの特性が異なるため，参加者の内的体験に差異はあると考えられますが，本

グループにおいても，安心感や他者に対する興味のめばえなど，類似した体験が得られたのではないでしょうか。ブロック表現を媒介することにより，参加者どうしの交流が促進され，このことが，他者に対する信頼感にポジティブな影響を与えたと考えられます。近喰（1999）は，家族コラージュにおける合同法の効果に関して，"相手のコラージュ作品をチラッとでも見る視覚化行為による相互作用が展開されてくるし，相手と同じ切り抜きを貼る取入れ行為やコラージュ制作から生じる特徴の1つでもある言語化という発散行為などの相互作用も展開されてくる"と指摘しています。今回の協同ブロック制作においても，ブロックという親しみやすい媒体が，参加者どうしの交流に効果的に機能したと言えます。それに加えて，全体を見守るファシリテーターの存在が参加者の相互作用をサポートし，他者信頼感にポジティブな影響を与えたのではないでしょうか。

　今回の制作では，参加者が思い思いに個々のイメージを表現し，その組み合わせによって，1つの表現が完成しました。これに対し，第6章における高校生による協同制作では，役割の分担のしかたなどに差異は見られたものの，いずれのグループにおいても，制作過程の中で表現するイメージの共有が行われ，全員で1つのテーマに沿って制作するという共通性が見られました。高機能広汎性発達障害のある中高生を対象とした協同制作の場合，他者とイメージを共有する作業は困難を伴うものであると予想されます。そのため，はじめは，別々の基礎板の上で個々に表現に取り組むというプロセスが起こったと考えられます。言語を用いたイメージの共有や，互いの役割について話し合うという作業は難しいかもしれませんが，同じ空間でそれぞれの表現をするという体験を通して，自分や他者の個性への気づきが促進されることもあるのではないでしょうか。さらに，制作を通して，互いの表現を自然に比較することにより，自分と他者の共通性や独自性に気づくこともあるのではないでしょうか。保障された空間におけるこのような体験が，自己への気づきや自信を促進し，他者への興味や信頼感を促すことにもつながると考えられます。木内ら（1999）は，不登校児を対象とした集団コラージュの効果に関して，「独り言に近いような発言でも微妙な影響を及ぼし合っていること」や，「テーマについての話し合いがもたれず，他の子どもとあまり関わらない子もいたが，結果的にまとまり

のある作品に仕上がり，制作過程に集団力動が働いた」ことを指摘しています。今回の協同ブロック制作においても，当初，直接的な言語的コミュニケーションは少なかったものの，ファシリテーターが媒介することにより，次第に参加者どうしの会話が生まれ，最終的には協同で表現を楽しむ姿も見られるようになりました。他者と場を共有し，一緒に表現に取り組んだという経験が，信頼感にポジティブな影響を与えたのではないでしょうか。

■ 2.3. これからの応用の可能性

　ここまで，高機能自閉症などを抱える中高生のグループにおける活用について考えてきました。しかし，留学生と日本人学生の交流でも述べたように，ブロックという素材は，様々な背景をもつ人たちにとっての共通言語となる可能性もあります。このような観点から，筆者らは，様々な発達障害を抱える子どもたちの交流を目的としたグループにおいての導入も検討しています。発達障害圏の特徴をもつ子どもたちにとって，抱えている障害の特徴によって，コミュニケーションのスタイルや難しさも異なってきます。言語を用いた交流では，スムーズに進まないことも多いかもしれませんが，ブロック制作のような媒体があることによって，個人の特性を超えた交流がしやすくなる可能性もあります。実践の積み重ねもまだ十分ではありませんので，効果を一般化することはできませんが，取り組みを通じて感じたことをまとめてみたいと思います。

　筆者らは，アスペルガー障害，ADHDなど，様々な障害をもつ子どもたちのグループ活動の中で協同ブロック制作を実施しました。手続きとしては，前述のグループと同様，4枚の基礎板を組み合わせ，その上で協同してブロック表現を行います。ここでもやはり，制作を見守るファシリテーターの役割は重要です。子どもたちは，はじめのうちは，いちばん手近な基礎板の上に，個々に表現をしていました。たとえば，アスペルガー障害をもつ子どもは，具体的なイメージを表現するというよりは，同じ形の基本ブロックを高く積み上げることを楽しんだり，色の配列にこだわったりすることに集中していました。また，どの子どもも，相互に話しかけることは少なく，ファシリテーターに声をかけることが時々ある程度でした。しかし，次第にファシリテーターを媒介して，参加者どうしの交流が生まれはじめたり，他者の表現に興味をもったりするな

どの変化が見られはじめました。ブレイクスルーが起こったきっかけは，ある子どもが，自分が作った車を基礎板の中で走らせて，他の子どもの領域にも入っていったことです。入ってこられた子どもは，はじめは戸惑った様子だったのですが，次第に受け入れ，それを契機にお互いに広く基礎板を使用するようになりました。基本的には，個々の表現の組み合わせですが，それでも，最終的には1つのまとまった作品として成り立ち，この点もブロックを用いた表現の魅力だと思います。参加者たちも，終了後のシェアリングでは，疲れたと言いながらも満足感を語っていました。

　このグループからは，多くのことを学ぶことができました。これまで，個別臨床場面を想定して，枠の重要性，セラピストとクライエントの非言語的交流，表現を通した気づきや達成感などについて検討してきましたが，このグループにおけるプロセスは，これらのあらゆる要素を含んでいるように感じます。特にグループにおいては，ファシリテーターがその中で生じる力動の変化をしっかりと見守る必要があると考えられます。この事例においても，基礎板という保障された枠組みと，ファシリテーターによる守りがあったからこそ，他者の領域に一歩踏み出してみようという子どもが現れ，それを受け入れようという子どもがいたのではないでしょうか。

3. 教育場面におけるグループ

■ 3.1. 教育現場とグループアプローチ

　最後に，教育現場における活用の可能性について考えてみたいと思います。筆者自身，これまで学生支援の領域に携わり，現在は教員として大学生たちと関わっています。そのような経験の中で，グループアプローチの意義について考えることは多々あります。これまで本書では，心理療法としてのブロック技法の効果や，グループセラピーの可能性について述べてきました。このような活用のしかたは，様々な心理的問題に対する臨床心理学的援助という考え方が基盤にあります。しかし，そういった観点のみでなく，関係づくりや予防開発的な観点からも，ブロック技法は活用が可能であると期待されます。臨床心理学における予防開発とは，個人が元来もっている様々な能力を活かし，重篤な

心理的な問題が起こる前に早期に対応したり，もし問題が起こった場合にも，それに適切に対応できるような環境を整えたりすることであると考えられます。教育相談の分野などにおいては，特にこのような視点が重視されています。学生相談においても，心理的問題を抱えて来談した学生に対しては，カウンセリングを通してサポートをすることができます。しかし，実際には，ニーズを持ちながらも相談室には足が向かなかったり，相談室に行くほどではないと考えたりする学生も多くいるのが現状です。このような学生に対して，どうアプローチできるかということは，学生相談の領域においても議論されてきた内容です。

3.2. ピア・サポートにおける活用

1つの取り組みとしていくつかの大学で実践されているのが，ピア・サポートとよばれる活動です。これは，学生ボランティアが，相談に来た学生と一緒に解決の方法を考えていく活動です。学生にとっては，身近に話をできる場所であり，来談者は様々なニーズで訪れます。履修関係やサークル選びなどの具体的な相談もあれば，心理的な悩みに関する相談もあります。訪れやすいというメリットもある反面，重篤な問題を抱える学生に対する対応など，配慮が必要になる場面もあります。そのため，活動を推進していく上では，見守る専門家の存在や，ボランティア学生の養成，グループスーパービジョンなど，体制を整えることが大切です。この，ボランティア学生の養成講座の中で，協同ブロック制作を取り入れたことがあります。

ピア・サポートでは，心理学を専攻する学生のみでなく，様々な学年や専攻の学生がサポーターとして参加します。安全かつ効果的に活動を運営するためには，サポーターの養成制度を整える必要があります。これまで，養成講座の中では，臨床心理学や精神医学を専門とする教員から，青年期における心理的問題に関する基礎知識のレクチャーを受けたり，ハラスメントや法律に関しても学ぶ機会を設けたりしてきました。また，ロールプレイを通して，相談の実際を学ぶ取り組みも行ってきました。より充実した養成講座にするために，このような内容に加え，非言語的アプローチに関して学ぶ機会や，サポーターどうしの相互理解やチームワークを深めることも重要であると考えるようになり

ました。そこで，講座の中で，協同ブロック制作を導入し，その後で，心理臨床における非言語的アプローチについても学ぶ機会を設けました。協同ブロック制作では，その場で初めて出会う人たちがほとんどでした。サポーターとして活動したいという意欲をもって参加している人たちなので，講座にはたいへん熱心に取り組んでいます。しかし，協同ブロック制作では，少し肩の力を抜いて，リラックスした状態で参加者どうしの交流が芽生えたように感じました。座学のみでなく，体や感性を使ってメンバーと表現活動に取り組む中で，自然な交流が促進されていました。制作後には，お互いに質問をしたり，話をしたりする姿が見られました。

　どのような場面でも当てはまることですが，心理臨床においては，言葉のみでなく，イメージや雰囲気など，言葉以外の要素にも目を向け，それとどう向き合っていくかということが重要になってきます。心理臨床家の養成過程では，このようなテーマについて十分な時間をかけて学んでいきます。一方，ピア・サポートなどの活動の養成講座において，短期間でこのことを正確に伝えることには難しさもあります。しかし，まず，協同ブロック制作体験をすることにより，座学のみで学ぼうとする場合よりも，体験と照らし合わせながら理解することができるというメリットもあると考えられます。もちろん，芸術療法などの非言語的アプローチや無意識との向き合い方について，本当の意味で学ぶためには多くの時間と経験が必要ですが，そのきっかけとして，協同ブロック制作を活用することは可能であると考えられます。

■ 3.3. 関係づくりの媒体として

　もう少し身近な例として，大学内のゼミの中での関係づくりの媒体としての活用があります。筆者は現在，女子大学の心理学科に所属しています。3年次からゼミ分けがあるのですが，ゼミに配属されて，その時に初めてコミュニケーションをとる学生どうしがいたり，また，すでにいくつかのグループができていたりすることもあります。このようなこともあり，4月はじめのゼミは，どこか緊張した雰囲気があります。筆者のゼミでは，3年生の前期に様々な体験型の学習を導入しています。臨床心理学の基礎について体験を通して学んでもらうことを目的としており，たとえば，コラージュ制作や，エンカウンター

グループにおけるワークなどを導入しています。この中で，協同ブロック制作も活用しています。第7章でも触れてきましたが，協同制作の中では，自然な形で役割の分担が促進され，そのプロセスを通して居場所感や達成感なども得られやすいと考えられます。また，自分自身について他のメンバーに知ってもらうきっかけや，他者についての関心をもつ機会にもなります。

　大学における取り組みについて紹介しましたが，工夫しだいでは，様々な教育現場における活用も可能であると考えられます。加藤（2004）は，教育現場におけるコラージュ技法の活用について検討しています。ここでは，高校の学級においてコラージュ制作を実施し，生徒のパーソナリティや学級適応が，作品にどのように反映されるかについて検討されました。その結果，心理的特性が作品の形式的特徴や内容に反映されていることが示唆され，担任教師がクラスの生徒たちについてよりよく理解するための一助として活用できる可能性が認められました。このように，芸術療法における諸技法は，教育現場における活用も可能であると考えられます。協同ブロック制作も，たとえば，児童・生徒の関係づくりの媒体として利用することもできるのではないでしょうか。また，学校内の相談室などにおける自由来室活動においても，そこに集う生徒たちの居場所の1つとして協同ブロック制作が機能することも期待できます。活用にあたっては，見守る者の存在が重要です。教育現場においては，担任教師，教育相談担当者，スクールカウンセラーなどが協力しながら，適切な環境のもとに導入することが大切だと考えられます。

総合考察とこれからの課題

　本書では，これまで，個別臨床場面およびグループにおける活用を想定して，ブロック技法の活用の可能性について検討してきました。最終章となるこの章では，これまでの内容を振り返りながら，技法の意義や今後の活用に向けた課題について考えていきたいと思います。

1. ブロック表現による治療的効果について

　第1章，第2章では，ブロック技法の理論的背景や成り立ち，治療的効果について述べてきました。その中でも触れてきたように，本技法の特色の1つとして，遊びのツールを媒体にしているという点が挙げられます。この点は，技法を導入する際に，クライエントにとって過度な心理的抵抗を持つことなく表現できることにつながるのではないかと考えられます。特に，プレイセラピーにおける利用の中では，ブロックという素材は子どもたちにとって自然な遊びのツールです。こうした素材の特徴を活かして，プレイセラピーの流れの中で，ごく自然にブロックを表現媒体として活用することができるのではないでしょうか。第5章では，実際の事例に基づいて考察をしてきました。この中の事例に見られたように，セラピストとの遊びを通した関わりの中で，ブロックを媒介して子ども自身のイメージが表出されることは多々あります。セラピストは，それを見守り，その意味を考え，こうした雰囲気の中でクライエントはまた新たな表現を展開していきます。このようなプロセスに，他の芸術療法と共通する治療的効果の本質があると考えられます。

　ブロック技法における治療的効果の独自性については，これまで明らかになってきたことがらをもとに，今後も継続して検討していく必要があります。第2章では，POMSという心理検査を用いて，制作時の気分変容について検討し

ました。その結果，ブロック技法では，活気などのポジティブな感情の増進よりも，緊張や不安などのネガティブな感情が低減する傾向が大きいことが示されています。また，加藤ら（2009）は，SEATという芸術療法の体験過程を測定する尺度を開発し，コラージュ療法や風景構成法との間で，制作時の体験過程の独自性と共通性を比較しました。この研究を通して，制作を通じた満足感などの共通性が認められると同時に，ブロック技法の特徴として心理的退行の要素が大きいことなどが示されました。このことには，ブロックという素材がもつ遊びの要素や表現の自由度の高さなどが関連していると考えられます。各技法の共通性や独自性を把握しておくことは，実際の臨床場面において技法を導入する上でたいへん重要です。たとえば，この心理的退行を促進させる要素は，ケースによっては治療を展開させるために大きな意味をもつかもしれません。一方で，過度に心理的退行を促すことは，クライエントにとって負担になったり，心理的なバランスの安定を揺るがしたりするリスクがあることも知っておく必要があります。技法の特性をよく理解した上で，ケースに応じて最適な手法を適切なタイミングで導入することが求められるのではないでしょうか。

　ブロック技法では，心理療法の治療的効果における心理的退行の中でも，特に童心にかえる要素が強いことが示されています。子どものころにブロックに広く親しんだ世代であれば一層，幼少期の体験を回顧しやすい傾向があるのかもしれません。第2章では，過去にブロックで遊んだ体験が，ブロック技法の体験に与える影響に関しても検討しました。ここでは，活気や緊張などのいくつかの感情の変化について過去の体験の影響が示唆されていますが，同時に，過去の体験に依存しない普遍的な効果もあることが示されています。箱庭療法における砂に触れる感覚や，コラージュ療法におけるはさみや糊に触れる感覚と同様に，ブロックという素材に触れることで喚起されるプリミティブな懐かしい感情は，経験や世代を超えた体験である可能性もあります。世代や過去の経験が，技法を通じた心理的退行に与える影響に関しては，今後の発達的な観点を取り入れた研究の蓄積が重要であると考えられます。

　第4章では，エゴグラムという性格検査を用いて，パーソナリティとブロック技法における表現特徴の関連を検討しました。この中で，特殊な形状のブロックをより多く用いて動きのある豊かな表現をする人は，「自由な子ども」の

要素であるFCの得点が高い傾向が示されています。個人の性格特性の影響もあるために一般化して捉えることには注意が必要ですが，ブロックという素材に触れて自由な表現をする中で心理的退行が促進され，過度の防衛にとらわれることなく自由に振る舞うことができるのかもしれません。芸術療法における心理的退行には，このような童心にかえる要素のみでなく，自由に表現を楽しむ体験や，セラピストに見守られる中で，適度に防衛から解放された状態で自身の表現に向き合う体験なども含まれると考えられます。こうした体験は，芸術療法に限らず，心理療法全般において重要な要素です。関連する技法として，箱庭療法やコラージュ療法における心理的退行の重要性は，これまで理論と実践の両面から示されてきました。クライエントの抱える問題の特性や病態水準によっては，過度に心理的退行を促進することには注意が必要な場合もあります。実際の臨床場面においては，心理的退行の影響を多面的に理解した上で，クライエントの特性に応じて技法を導入することが重要であると考えられます。

2. 臨床心理学的アセスメントの媒体として

　第3章，第4章では，アセスメントとしての活用の観点から，ブロック表現特徴に関する検討を行いました。まず，一般成人の表現特徴を概観するために基礎的な研究を実施しました。ここでは，形式的特徴と内容の観点から作品の特徴が検討されました。この，形式（Form）と内容（Content）は，作品と向き合う際に重要なキーワードになると考えられます。臨床心理学的アセスメントの領域においては，古くからこの観点は重用視されてきました。たとえば，ロールシャッハテストにおいても，被験者の反応を理解する上でこのような視点は活用されています。本書では，ブロック表現における形式的特徴として，各ブロックの数や表現領域の面積，高さなどを挙げました。一般の人たちの基礎的なデータを把握しておくことは，臨床場面で作品と向き合う際にも有用であると考えられます。もちろん，研究結果を過度に一般化して捉えてしまうことは視野を制限することにつながってしまうため注意が必要です。しかし，たとえば，非常に多くのブロックを用いた表現，余白が多く寂しい印象を受ける表現などに出会った際，セラピスト自身の感覚に照らし合わせながら，このよ

うな研究データを解釈の基準の1つとして活用することは可能であると考えられます。それをきっかけに，目の前の表現の特殊性の意味を考えていくことが大切なのではないでしょうか。内容に関しては，コラージュ療法などにおける先行研究を参考に，動植物，建物，乗り物，人間などに着目してきました。ブロックという素材のイメージから，このような柔軟なイメージを表現することは難しいように感じられますが，基礎研究を通して，豊かな表現が可能であることが示されました。さらに，これらの表現は一般成人のブロック作品において頻繁に見受けられるものであることも認められ，これまでに蓄積されたコラージュ療法などの先行研究による知見が多いに参考になると考えられます。ただし，同じテーマを表出していても，媒体によってその詳細や印象は大きく異なることもあります。たとえば，箱庭において「人間」を用いる場合，玩具の選び方によって性別，文化的背景，役割，関係性など，多様な表現をすることが可能です。これに対し，ブロックでは，役割や関係性を表すことはできるものの，イメージの幅は制限されると考えられます。この点は，制限による安全性として働く場合もあれば，思い通りのイメージを表出しにくいという体験につながることもあり，ケースによっては長所となり，また短所になる場合もあります。素材の特性を十分に考慮した上で，適切に技法を選択することが重要なのではないでしょうか。

　本書では，性格検査としてエゴグラムを利用し，表現特徴との関連が検討され，いくつかの関連が認められました。今回は，形式的特徴に焦点を当てて検討しましたが，データの数を蓄積し，内容との間で関連を探ることも重要な課題であると考えられます。コラージュ療法においては，様々な心理的特性と作品特徴の関連が検討されています。たとえば，佐藤（2002）は，YG性格検査を用い，佐野（2002）は，MMPIを用いています。また，加藤（2004）は，Big Fiveや学級適応を指標として検討しています。このように，多面的な検討を積み重ねることにより，作品を理解する上での解釈仮説の信頼性が増していきます。ブロック技法においても，これからの基礎研究や事例研究の蓄積が求められるのではないでしょうか。

3. ブロック表現における表現の展開とテーマ性

　実際のカウンセリング場面などで技法を活用する際には，今そこで展開している表現に向き合うことが重要です。完成した作品も，もちろん大切ですが，見守るセラピストには，それが制作されるプロセスや，シリーズで作品がどのように変化していくかなどに目を向けることが求められます。

　第5章では，実際の事例の中でのブロック表現に注目してきました。この中で見られたように，たとえば，プレイセラピーの中で技法を導入する際には，子どもは遊びの一部としてブロックに自然に触れることが多くあります。セラピストは，「どのような表現が展開されるのだろう」と構えてしまうことがありがちですが，クライエントにとっての自然なプロセスを妨げないように見守ることが大切であると考えられます。第5章における1つ目の事例のように，登場人物を動かしながら物語が展開されていくこともあります。これは，箱庭療法において，砂場の中で玩具を動かして物語ができあがっていく過程とも共通するものであると考えられます。基礎研究においては，このようなリアルタイムに展開する生きたプロセスをすべて抽出することには難しさもあります。実際の事例の中でこそ気づく要素も多くあると考えられるため，事例研究と基礎研究を両輪とした今後の知見の蓄積が求められるのではないでしょうか。

　実際の事例の中では，作品の系列的な理解や，その作品がもつテーマ性に目を向けることも重要です。2つ目の事例では，3つの作品を通してテーマが変遷していく様子を紹介しました。作品のテーマには，クライエントのその時の内面が多分に投影されていると考えられ，言葉にならない曖昧な感情やイメージを共有するチャンスになると思われます。作品と向き合う際には，その時々のクライエントの現実場面での変化や，カウンセリングの展開などと合わせて総合的に解釈をすると，新しい発見があることもあります。また，クライエントが何回かにわたって複数の作品をつくる場合などには，後になって振り返ってみた時に，この表現にはこのような意味があったのかと気づかされることも多くあります。「今この時」の表現に向き合うことと，時間的展望をもって長い目で表現に寄り添うことの両方が重要なのではないでしょうか。

4. グループにおける活用の可能性

　第6章，7章，8章では，グループにおけるブロック技法の活用について述べてきました。まず，個別描画体験との比較を通して，被験者の感想を分類することにより，協同ブロック制作体験の特性が浮き彫りになってきました。さらに，ソーシャルスキル，信頼感，居場所感などの観点から，その効果が検討されました。そして，留学生支援のグループや，発達障害児のグループにおいて，関係性を促進するための媒体として活用できる可能性が示されました。

　ここでは，このような結果をふまえて，協同制作をより安全かつ効果的に活用していくため，これからの課題について考えていきたいと思います。まず，協同制作の意義とリスクについて考えてみましょう。LeGoff（2004）は，ブロックを自閉症児のグループにおけるソーシャルスキルトレーニングの媒体として導入しようと考えたきっかけとして，待合室においてブロックで一緒に遊ぶ子どもたちの姿を見たことを挙げています。このように，ブロックという素材は，元来遊びのツールとしての役割をもっており，二者間以上の関係性を促進させる媒体として機能するポテンシャルがあります。こうした素材がもともともっている魅力が，ブロックを関係作りのツールとして活用しやすい要因なのではないでしょうか。他者と一緒に表現する体験からは，たいへん多くのことが得られます。本書においても，ソーシャルスキル，他者に対する信頼感，居場所感などが促進されることが示されてきました。また，他者の表現に触れることは，自分自身への気づきや可能性を広げることにもつながります。LeGoffらの研究をもとに，海外で広く用いられている自閉症スペクトラム障害児のためのブロックを使ったグループアプローチでは，参加者の役割（engineer, builderなど），基本的なルール，グループで取り組む課題などがわかりやすく明確に示されています。このため，参加する子どもは，安全な守られた環境の中でソーシャルスキルを徐々に獲得していくことができると考えられます。一方，本書で紹介してきたグループアプローチでは，個別臨床場面における理論をもとに，グループでの応用の可能性を試みてきました。ファシリテーターや，基礎板の存在がグループの表現を守る役割を果たしながら，参加者たちは協力

してイメージを形にしていきます。個別制作と同様に，表現の自由度はたいへん高いと考えられます。また，他者の存在により，「自分の表出したイメージを他者はどのように感じるだろうか」「これをつくったらグループの表現に馴染むだろうか」など，様々な思いが浮かぶものと推測されます。こうした個人内の思考は，言語的・非言語的なコミュニケーションとして，グループ内で共有され，交流を通して生じる体験過程が，自己理解や他者理解にとって大きな意味をもつと考えられます。しかし，こうした内的な対話をすることや，他者を意識しながらイメージを表出することにはとても大きなエネルギーが必要となります。また，自分自身の気持ちや考えに気づき，ある程度コントロールできる力がなければ，混乱や疲労などのネガティブな体験を招いてしまうこともあります。芸術療法の諸技法では，個人の表現が守られることが前提としてあり，この点は，ブロック技法においても当てはまります。グループにおいて導入する際にも，個々の表現が守られ，安全なコミュニケーションができて初めてその効果が得られると考えられます。イメージの表出に際しては，その人の無意識の世界が無防備な状態でさらされることもあることから，他者の存在が侵襲的なものや脅威にならないように配慮する必要があります。

　本書では，留学生支援のグループや，発達障害児のグループでの活用例を紹介してきました。どちらのグループにおいても，参加者の特性や構成に十分に配慮した上で，最適なタイミングで技法が導入されました。また，ファシリテーターは，制作のプロセスを見守りながら，参加者一人一人の体験過程に目を配ることが求められると考えられます。本書では，ポジティブな効果について中心に述べてきましたが，このような注意すべき点もあることを心に留めておく必要があるでしょう。どのようなグループに効果的なのか，ファシリテーターの役割として何が求められるのかなど，長所と短所の両面から議論を積み重ねていくことが大切であると考えられます。

5.「つながり」と「ひろがり」―これからの活用に向けて―

　本書ではこれまで，ブロックという素材を通して，主に3つの観点から考察してきました。

1つ目は，表現を通してどのような体験をするのかというものです。これは，心理療法としてブロック技法を位置づける上でたいへん重要な視点です。2つ目は，表現にその人らしさがどう反映されるのかであり，アセスメントの観点に関連します。3つ目は，関係づくりの媒体としての視点であり，様々な領域におけるグループアプローチとしての活用可能性について考えてきました。このような知見は，心理臨床場面において有効であると考えられますが，もう少し視野を広げると，私たちの身近な自己理解や他者理解にもつながるところがあると考えられます。臨床心理学は，心の問題の理解やその援助を研究する学問ですが，その根底には，私たちの心を探求するという大きなテーマがあります。本書では，ブロックというキーワードをもとに，人の心の働きについて考えてきました。私たちの心は目には見えないものですが，心理学者たちは，いろいろな方法を使ってそれを見ようとします。本書で用いたブロックという素材もそのきっかけの1つであると思われます。臨床心理学という分野では，たとえ基礎研究であっても，その先には必ずクライエントの存在があります。そのため，研究者は，自分たちの研究がそういった一人一人のクライエントにつながっていることを意識することが大切であると考えられます。一方で，研究から得られた発見は，専門家のみのためでなく，身近なものとして感じられることもあります。ブロックは親しみやすい素材であることに加え，それを媒介した表出やコミュニケーションには，シンプルかつ重要なエッセンスが詰まっています。本書で触れてきたこうした要素は，現実の様々な場面で「心」と向き合うためのヒントになることもあるのではないでしょうか。

　本書では，最新の研究の成果をもとに，「つながり」と「ひろがり」いう観点から，ブロックの活用可能性を再度位置づける試みをしてきました。「つながり」については，ブロック技法は新しい試みではありますが，その基盤にはこれまでに培われてきた芸術療法の諸技法との理論的なつながりがあります。クライエントの表現を守る枠組み，さらにそれを見守り寄り添うセラピストの存在，そこから生じる二者間のつながり，どれも心理療法として欠かすことのできないものです。さらに，グループでの利用においては，参加者どうしのつながりを築く媒体として，ブロックが重要なはたらきをすることも示されました。また，「ひろがり」については，これまでに紹介してきた基礎研究や事例を通

して，ブロックという素材の表現の可能性の大きさを知っていただく機会になれば嬉しいです。本書がきっかけとなり，技法に関心をもってくださり，様々な現場で活用していただく一助になれば本望です。これから新たな知見や活用の可能性がさらに広がっていくことを願っています。

文　献

A

天貝由美子　1995　高校生の自我同一性に及ぼす信頼感の影響　教育心理学研究，**43**(4)，364-371.

青木智子　2001　グループにおけるコラージュ技法導入の試み：コラージュエクササイズを用いたグループエンカウンターと気分変容についての検討　日本芸術療法学会誌，**32**(2)，26-33.

浅井美帆　2013　女子大学生における基本的居場所感の検討　金城学院大学人間生活学研究科論集，**13**，29-32.

B

Brosnan, M. J. 1998 Spatial ability in children's play with Lego blocks. *Perceptual and Motor Skills*, **87**(1), 19-28.

Buck, R. E. & Provancher, M. A. 1972 Magazine picture collage as an evaluative technique. *The American Journal of Occupational Therapy*, **26**(1), 36-39.

H

半田一郎　2000　学校における開かれたグループによる援助──自由来室活動による子どもへの直接的援助──　カウンセリング研究，**33**(3)，265-275.

波多野千佳　2005　中学校の相談室における援助活動──生徒のスクールモラールと自由来室活動からの検討──　名古屋大学大学院教育発達科学研究科紀要（心理発達科学），**52**，283-285.

I

今川正樹・大西道生・山口直彦・中井久夫　1985　面接後ブロック構成について　日本芸術療法学会誌，**16**，41-46.

今村友木子　2001a　分裂病者のコラージュ表現──統一材料を用いた量的比較──　名古屋大学大学院教育発達科学研究科紀要（心理発達科学），**48**，185-195.

今村友木子　2001b　分裂病患者のコラージュ表現──枠の効果に関する検討──　日本芸術療法学会誌，**32**(2)，14-25.

入江茂　2004　ブロック技法を介した場面緘黙児の精神療法過程　高江洲義英・入江茂（編）　コラージュ療法・造形療法　岩崎学術出版社　pp.39-58.

入江茂・大森健一　1991　相互ブロック作りを介した場面緘黙児の精神療法過程　日本芸術療法学会誌，**22**(1)，50-60.

石本雄真・久川真帆・齊藤誠一・上長然・則定百合子・日潟淳子・森口竜平　2009　青年期女子の友人関係スタイルと心理的適応および学校適応との関連　発達心理学研究, **20**（2）, 125-133.

K

加藤大樹　2004　高校生のコラージュ作品に関する研究　――学級適応・性格の観点からの検討――　日本芸術療法学会誌, **34**（2）, 23-32.
加藤大樹　2006a　ブロックを用いた表現技法に関する基礎的研究　――POMSによる気分変容の検討および気分と作品特徴の比較――　日本芸術療法学会誌, **35**（1）, 52-62.
加藤大樹　2006b　高校生の学級における個別コラージュ制作の試み　――気分変化と作品特徴からの検討――　学校カウンセリング研究, **8**, 17-22.
加藤大樹・原口友和・森田美弥子　2009　芸術療法の諸技法における体験過程に関する研究　――コラージュ技法・風景構成法・ブロック技法の比較――　日本芸術療法学会誌, **39**（1）, 51-59.
河合隼雄　1969　箱庭療法入門　誠信書房
菊池章夫　1988　思いやりを科学する　向社会的行動の心理とスキル　川島書店
木村晴子　1985　箱庭療法　基礎的研究と実践　創元社
木内喜久江・佐藤昌子・永井真司　1999　不登校中学生による伝言板的「壁コラージュ」のこころみ　現代のエスプリ 386　pp. 203-210.
近喰ふじ子　1999　（新）家族コラージュ法の相互作用　――同時制作法からコラージュ変法まで　現代のエスプリ 386　至文堂　pp. 96-101.
近喰ふじ子　2000　コラージュ制作が精神・身体に与える影響と効果　――日本版POMSとエゴグラムからの検討――　日本芸術療法学会誌, **31**（2）, 66-75.

L

Legoff, D. B. 2004 Use of LEGO® as a Therapeutic Medium for Improving Social Competence. *Journal of Autism and Developmental Disorders*, **34**(5), 557-571.
Lerner, C. & Ross, G. 1977 The magazine picture collage: Development of an objective scoring system. *The American Journal of Occupational Therapy*, **31**(3), 156-161.

M

森谷寛之　1988　心理療法におけるコラージュ（切り貼り遊び）の利用　精神神経学雑誌, **90**（5）, 450.

N

中井久夫　1993　コラージュ私見　森谷寛之・杉浦京子・入江茂他（編）　コラージュ療法入門　創元社　pp. 137-146.
中村勝治　1999　コラージュ療法の独自性　――コラージュ療法の実践と芸術性――

現代のエスプリ 386　至文堂　pp. 42-50.
則定百合子　2008　青年期における心理的居場所感の発達的変化　カウンセリング研究, 41, 64-72.

O

落合良行・佐藤有耕　1996　青年期における友達とのつきあい方の発達的変化　教育心理学研究, 44, 55-65.
Owens, G., Granader, Y., Humphrey, A., Baron-Cohen, S. 2008 LEGO® Therapy and the Social Use of Language Programme: An Evaluation of Two Social Skills Interventions for Children with High Functioning Autism and Asperger Syndrome, *Journal of Autism and Developmental Disorders*, 38, 1944-1957.

R

Resnick, R. J. 1976 Block playing as a therapeutic technique. *Psychotherapy: Theory, Research & Practice*, 13(2), 170-172.

S

佐野友泰　2002　コラージュ作品の解釈仮説に関する基礎的研究 ──コラージュ作品の客観的指標と YG 性格検査, MMPI との関連──　日本芸術療法学会誌, 33 (1), 15-21.
佐藤静　2002　コラージュ制作者の性格特性と作品特性　心理学研究, 73 (2), 192-196.
鈴木康明　1999　異文化間カウンセリングにおける「サラダボール・コラージュ」　現代のエスプリ 386　至文堂　pp. 211-218.

T

鶴田和美　2001　学生生活サイクルとは　鶴田和美（編）　学生のための心理相談 ──大学カウンセラーからのメッセージ──　培風館　pp. 2-11.
Turner, J. C., Hogg, M. A., Oakes, P. J., Reicher, S. D. & Wetherell, M. S. 1987 *Rediscovering the social group: A self-categorization theory*. Oxford: Blackwell.

初 出 一 覧

本書は，以下の論文の内容をもとに構成されています。

加藤大樹　2006a　ブロックを用いた表現技法に関する基礎的研究　—POMSによる気分変容の検討および気分と作品特徴の比較—　日本芸術療法学会誌, 35(1), 52-62.

加藤大樹　2006b　ブロックを用いた表現技法における気分変容に関する研究——性別と経験の観点からの検討——　名古屋大学大学院教育発達科学研究科紀要, 心理発達科学, 53, 141-146.

加藤大樹・服部香子・伊藤里実・森田美弥子　2007　高校生を対象とした協同ブロック制作の試み　——個別描画場面との比較を通した制作体験の検討——　名古屋大学大学院教育発達科学研究科紀要, 心理発達科学, 54, 111-117.

Daiki Kato & Miyako Morita 2009 Form, Content, and Gender Differences in Lego Block Creations by Japanese Adolescents. *Art Therapy*, 26(4), 181-186.

Daiki Kato & Miyako Morita 2010 Relationships between Features of Collage Works, Block Works, and Personality. *Social Behavior and Personality*, 38(2), 241-248.

加藤大樹・髙木ひとみ・桂田祐介・濱田祥子・呉宛亭　2010　協同ブロック制作を媒体とした多文化間コミュニケーション活動　—気分変化の観点による制作体験の検討—　留学生交流・指導研究, 12, 157-164.

Daiki Kato, Kyoko Hattori, Shiho Iwai & Miyako Morita 2012 Effects of Collaborative Expression Using LEGO® Blocks on Social Skills and Trust. *Social Behavior and Personality*, 40(7), 1195-1199.

Daiki Kato, Miho Asai & Mio Yoshie 2013 Effect of Collaborative LEGO® Block Construction on Japanese Young Women's Sense of Acceptance. *Social Behavior and Personality*, 41(8), 1333-1338.

加藤大樹・小倉正義・中澤紗也香・笹川祐記・森田美弥子　2013　高機能広汎性発達障害のある中高校生のグループ活動における協同ブロック制作の試み　金城学院大学論集（人文科学編）, 10(1), 19-24.

おわりに

　本書では，これまでに行ってきたブロック技法に関する研究をもとに，その理論や活用の可能性をまとめてきました。専門性は保ちつつも，より多くの方に読んでいただきたいという思いがあり，どのようにしたら正確にわかりやすく伝えられるかを考えながら執筆してきました。これらの両立には困難も伴いましたが，多くの方々の支えがあり，本書を完成させることができました。

　前著『ブロックとコラージュの臨床心理学——体験過程と表現特徴』の刊行の際から，ナカニシヤ出版の山本あかねさんには，多くのご助力をいただきました。本書を形にできたのも，企画から編集にわたる山本さんのご尽力のおかげです。心よりお礼申し上げます。

　ブロックの研究に取り組んだ最初のきっかけは，大学院生時代の研究です。名古屋大学の森田美弥子先生には，研究の魅力や面白さのみでなく，その厳しさや私たちの研究が人とつながっていることの大切さを教えていただきました。また，金城学院大学の今村友木子先生は，大学院生のときに初めてブロックの研究を学会で発表したときから現在に至るまで，研究を見守ってくださいました。いつもなかなかお礼を言うことができませんが，先生方に感謝の気持ちを伝えさせていただきます。

　ブロック技法の理論を考える上で，箱庭療法やコラージュ療法の理論はたいへん重要な基盤になっています。このような中で，森谷寛之先生をはじめ，日本コラージュ療法学会の先生方には多くのことを教えていただいています。また，グループの研究にあたっては，多くの方たちと一緒に活動に取り組めたことが大きな財産になっています。名古屋大学でお世話になった髙木ひとみ先生，桂田祐介先生，鳴門教育大学の小倉正義先生，明治大学の濱田祥子先生をはじめ，グループ活動に一緒に取り組んできた皆様に感謝いたします。カウンセリングやグループの中で学ばせていただいたことは，これからの日々の実践の中で大切にしていきたいと思います。臨床実践の中で出会ったすべての皆様に深

謝いたします。

　金城学院大学では，川瀬正裕先生をはじめ，多元心理学科や心理臨床相談室の先生方にはいつも支えていただいております。心理臨床の研究や実践にあたっては，仁里文美先生，渡辺恭子先生，定松美幸先生，二村彩先生，鈴木美樹江先生には日々大切なことを教えていただいています。このような環境で教育や研究に関わることができることに感謝いたします。また，大学院生やゼミの学生のみなさんにもいつも助けてもらっています。研究活動においても，浅井美帆さん，吉江美緒さんには，研究室の一員としてサポートしてもらいました。これからの2人のご活躍をお祈りしています。

　家族のあたたかい支えがあることをとても有り難く思っています。長い間働いて育ててくれた父母に感謝しています。出版を喜んでくれる祖母にこの本を贈りたいと思います。そして，忙しい日々の中にも笑顔をくれる妻と息子に感謝の気持ちを伝えたいと思います。いつもありがとう。いま一歩ずつ取り組んでいる研究が，息子たちの世代の未来につながりますように。

　さいごに，この本をお読みいただいた皆様に心よりお礼申し上げます。皆様にとって，何かのきっかけとして少しでも本書がお役に立てましたら幸いです。

事項索引

A

A (Adult)　40
AC (Adopted Child)　40
Big Five　40, 98
builder　69
CP (Critical Parent)　40
engineer　69
FC (Free Child)　40
HTPテスト　43
LEGO　1
MMPI　98
NP (Nurturing Parent)　40
POMS　17
SEAT　96
SULP (Social Use of Language Programme)　69
supplier　69
TEG (東大式エゴグラム)　40
YG性格検査　25, 39

あ

アイスブレーキング　84
アイデンティティ　78
アスペルガー障害　86
アセスメント　24
安心感　75
怒り-敵意　17
イド　41
居場所　54
　──感　70
異文化間カウンセリング　59
エンカウンターグループ　59

か

絵画療法　60
外向性　43
開放性　43
学生支援　90
学生相談　74
カタルシス　63
活気　17
学級適応　24, 75
カッティング　6
基礎板　6
基本ブロック　3
　──数　30
共通認識　71
緊張-不安　17
グループ
　──アプローチ　73
　──スーパービジョン　91
　──セラピー　59
形式 (Form)　27, 97
　──分析　27
芸術療法　6
言語的交流　69
　非──　69

現実自己　31
高機能広汎性発達障害　86
高機能自閉症　86
構成　6
　──法　7
交流分析　40
コラージュ　2
　──療法　2
混乱　17

さ

シェアリング　59
自我　41
自己
　──イメージ　39
　──カテゴリー化理論　78
　──コントロール　39
　──像　31
　──表出　21
　──理解　44
思春期・青年期　75
自尊感情　87
実験群　39
自閉症児　86
自閉症スペクトラム障害　69
自由来室活動　51
情緒不安定性　43
信頼感　70
　自己──　71

心理的退行　21
心理療法　8
スクールモラール　54
スタッドアンドチューブ　1
性格特性　24
誠実性　43
成人期　29
精神的エネルギー　39
青年期　29
切片数　28
相関関係　30
相互理解　71
喪失感　55
創造性　69
卒業期　56
ソーシャルスキル　70

た
高さ　30
体験過程　101
他者信頼感　71
他者理解　44
多文化間コミュニケーショングループ　81
中間期　56
超自我　41
調和性　43
治療契約　8
治療的効果　17
抵抗　95
投影　4

──法　27
統合失調症　24
洞察　63
統制群　39
特殊ブロック　4
──数　30

な
内面の意識化　21, 63
内容（Content）　27, 97
──分析　27
二次障害　87
入学期　56
認知心理学　7

は
箱庭療法　4
発達障害　69
貼り付け　6
ピアサポート　74
被受容感　75
表現の自由度　3
表現領域　30
標準偏差　31
病態水準　27
疲労　17
ファシリテーター　70
フィロバティズム　20
風景構成法　7
プレイセラピー　8, 47, 99
ブロック　1

平均　31
防衛　21
母子一体性（Mutter-Kind-Einheit）　50
本来感　75

ま
ミニフィグ　4
──の数　30
明度　28
問題解決プロセス　69

や
役割感　75
抑うつ-落込み　17
余白　28
予防開発　51, 90

ら
ラポール　54
力動　90
離人感　56
理想自己　31
留学生支援　81
レゴブロック　1
ロールシャッハテスト　27
ロールプレイ　91

わ
枠　8
ワルテッグ描画法　60

人名索引

A
天貝由美子　72
青木智子　59
浅井美帆　75

B
Berne, E.　40
Brosnan, M. J.　7
Buck, R. E.　39

H
半田一郎　54
波多野千佳　54

I
今川正樹　10
今村友木子　24, 25, 28, 34, 39
入江茂　10
石本雄馬　75

K
Kalff, D.　50
加藤大樹　10, 18, 24, 32, 40, 43, 63, 66, 93, 96, 98
河合隼雄　29
菊池章夫　70, 72
木村晴子　21, 23, 49, 50
木内喜久江　88
近喰ふじ子　18, 19, 88

L
LeGoff, D. B.　11, 69, 86, 100
Lerner, C.　39

M
森谷寛之　2, 59

N
中井久夫　7, 20
中村勝治　6
則定百合子　75

O
落合良行　76
大森健一　10
Owens, G.　69

P
Provancher, M. A.　39

R
Resnick, R. J.　9
Ross, G.　39

S
佐野友泰　24, 98
佐藤静　24, 39, 76, 98
鈴木康明　59, 82

T
鶴田和美　56
Turner, J. C.　78

本書は，金城学院大学特別研究助成費の補助を受けて刊行した。

著者紹介

加藤大樹（かとう　だいき）
金城学院大学人間科学部准教授
2003年　名古屋大学教育学部卒業
2008年　名古屋大学大学院教育発達科学研究科博士課程後期課程修了
博士（心理学）
主著に，『ブロックとコラージュの臨床心理学』（2012年，ナカニシヤ出版），主要論文に，「ブロックを用いた表現技法に関する基礎的研究―POMSによる気分変容の検討および気分と作品特徴の比較―」（『日本芸術療法学会誌』35(1), 52-62., 2006），「Form, Content, and Gender Differences in Lego Block Creations by Japanese Adolescents」（*Art Therapy*, 26(4), 181-186., 2009）

心理臨床におけるブロック表現技法入門

2014年9月20日　初版第1刷発行　（定価はカヴァーに表示してあります）

著　者　　加藤大樹
発行者　　中西健夫
発行所　　株式会社ナカニシヤ出版
〒606-8161 京都市左京区一乗寺木ノ本町15番地
Telephone 075-723-0111
Facsimile 075-723-0095
Website http://www.nakanishiya.co.jp/
Email　iihon-ippai@nakanishiya.co.jp
郵便振替　01030-0-13128

装幀＝白沢　正／印刷＝創栄図書印刷／製本＝兼文堂
Printed in Japan.
Copyright © 2014 by D. Kato
ISBN978-4-7795-0874-5

◎「レゴ」はレゴグループの登録商標です。なお，本文中では，基本的にTMマークおよびRマークは省略しました。

◎本書のコピー，スキャン，デジタル化等の無断複製は著作権法上での例外を除き禁じられています。本書を代行業者等の第三者に依頼してスキャンやデジタル化することはたとえ個人や家庭内の利用であっても著作権法上認められておりません。